Enrico Otto

Arbeitsaspekte aus
THEATER – THEORIE – MODELLEN
für die theaterpädagogische
Spielleiter-Praxis

Werkstattexte aus der Theaterpädagogik
Theorie und Texte für die nicht-professionelle Theaterarbeit

herausgegeben von
Dr. Enrico Otto
Westfälische Wilhelms-Universität Münster

Band 6

Enrico Otto

Arbeitsaspekte aus
THEATER – THEORIE – MODELLEN
für die theaterpädagogische Spielleiter-Praxis

LIT

Für die redaktionelle Hilfe danke ich Kira Mittag und Svenja Eckhof

Bibliografische Information der Deutschen Nationalbibliothek
Die Deutsche Nationalbibliothek verzeichnet diese Publikation in der Deutschen Nationalbibliografie; detaillierte bibliografische Daten sind im Internet über http://dnb.d-nb.de abrufbar.

ISBN 978-3-8258-0546-3

© LIT VERLAG Berlin 2007
Auslieferung/Verlagskontakt:
Fresnostr. 2   48159 Münster
Tel. +49 (0)251–620320   Fax +49 (0)251–231972
e-Mail: lit@lit-verlag.de   http://www.lit-verlag.de

Inhaltsverzeichnis

I.	Einleitung	2
II.	Das Theater der Erfahrung	5
III.	Schau-Spielen	20
IV.	Theatre now	23
V.	Das räumlich-zeitliche Theater	27
VI.	Das Stationen-Theater	32
VII.	Die Bauhaus-Bühne	34
VIII.	Theateranthropologie	38
IX.	Das Lehrtheater	41
X.	Das dokumentarische Theater	42
XI.	Schauspieler-Theater	43
XII.	Die theatralische Textur	47
XIII.	Das kinematographische Theater	51
XIV.	Das Pantomimentheater	58
XV.	Experimentierfeld Figurentheater	60
XVI.	Musiktheaterformen	63
XVII.	Das fragmentarische Theater	67
XVIII.	Der professionell-konstruktive	72
XIX.	Raum in Erfahrung der theaterpädagogischen Inszenierung	74
XX.	Literatur	103

I. Einleitung

Die seit 1970 als Hochschulfach betriebene Theaterpädagogik hat ein breites Literaturfeld entwickelt, das viele Bereiche theoretischer wie praktischer nichtprofessioneller Theaterarbeit abdeckt.

Die Beschäftigung mit dieser Literatur unter dem Aspekt einer Hochschulschwerpunkts-Fachausbildung hinterlässt zunächst einen chaotischen Eindruck. Das Fehlen koordinativer theoretischer wie praktischer Momente ist auffällig.

Darstellerfunktionen scheinen diffus behandelt zu werden. Sie können keinen grundlegenden Aspekt der subjektiven, spielerischen Funktion nachweisen und sind daher in der Besetzungsfrage außer dem ominösen „künstlerischen Aspekt" bewertungslos. Kriterien der Darstellerfunktion und der Besetzung unterliegen Erfahrungsbeständen oder autodidaktischen Erwägungen, die oft in Banalitäten enden.

Spielleiterfunktionen werden durchweg aus subjektiver Erfahrungssicht gestaltet. Ihnen fehlt ein elementares Fundament, das erstens Allgemeingültigkeit besitzen und zweitens eine fundierte praktische Anleitung nachweisen sollte.

Szenische Einrichtungen folgen dem Aspekt der Imitation von Professionalität. Man braucht das Bühnenbild in der Guckkastenbühne, den Regisseur, die Schauspieler, den Bühnenbildner, den Choreographen und die Requisiten. Das Spiel ist traditionell auf den Spielleiter ausgerichtet, der Darsteller erwartet Anweisungen, die er befolgen kann.

Es fehlt der Einstieg in die Materie „Theaterspiel". Vielleicht kann neben dem Spaß auch ein Lernvorgang tiefer in die Transparenz und Sinnhaftigkeit von Theater als medialem Gegenstand einführen. Auskunft darüber gibt kaum ein Spielhandbuch, das ohnehin oft nicht speziell für Altersgruppen bestimmt ist. Pauschalisieren kann man allerdings nicht, man kann höchstens eine Zeit-Altersspanne angeben: Kinder- oder Jugendtheater, Erwachsenen oder Seniorentheater. Für alle sollte aber dennoch die Einführung in ein transparentes Spielkonzept Gültigkeit haben, an dem alle Beteiligten sinnvollen Anteil haben.

Eine grundlegende Orientierung an der älteren und jüngeren historisch gewachsenen professionellen Theater-Theorie scheint es nicht zu geben. Sie bietet sich aber im Bereich theaterwissenschaftlicher alternativer Forschung an. Gemeint sind Überlegungen zur Modelldefinition nicht-konventioneller Theaterformen wie sie z.B. in der Szene freier Gruppen nachweisbar sind.

Besonders im Regie-Bereich, der in der Theaterpädagogik so gut wie kaum - höchstens in sehr subjektiven Spielleiter-Hilfen – nachweisbar ist, kann **Theatertheorie in verschiedenen historischen Ansätzen** Anlass zu deduzierbaren Modellbeispielen werden.

Szene aus Friederike Roths „Erben und Sterben" (Theaterlabor der WWU Münster)

II. Das Theater der Erfahrung

Die Geschichte der Theatertheorie weist Namen und Modelle auf, die von ihrem theoretischen Ansatz her zu entsprechenden praktischen, aber unkonventionellen Bezügen tendieren. Darüber hinaus geben sie in ihren Arbeitsmodellen arbeitspraktische Hinweise. Die Rede ist von Artaud, Grotowski, Barba und Strassberg. Allen gemeinsam ist der grundlegende Satz Strassbergs: „Der Mensch, der spielt, ist der Mensch, der lebt."[1]

Ausgangspunkt ist also die zentrale Stellung des **spielenden Individuums**, dessen spezifische Eigenart die Summe aller körperlich sowie psycho-physischen Faktoren ist. Diese Feststellung wird bei Grotowski zu einer fundamentalen Einsicht oder „zum Ritual der Selbstfindung".[2] Ritual wird hier im Sinne Brooks als „Ordnungselement des Lebens"[3] verstanden. Barbas Theorie zur Schauspielpädagogik[4] differenziert den Vermittlungswert praktischer Einsichten.

In der Umorientierung Artauds vom Worttheater auf die „Poesie des Raums"[5]
steckt eine Fülle von Hinweisen auf theaterpädagogische Lernbereiche. Artaud definiert:

---

[1] Strasberg, Lee (1999): „Schauspielen und Training des Schauspielers", Berlin, S. 108.
[2] Brauneck, Manfred (1992): „Theater im 20.Jahrhundert", Reinbek, S. 471.
[3] ebenda, S. 477.
[4] vgl. dazu Barba, Eugenio (1998): „Ein Kanu aus Papier", Flamboyant, Schriften zum Theater, Heft 7/8. S. 48ff.
[5] Artaud, Antonin (1971): „Das Theater und sein Double", Frankfurt/M., S. 41.

„Diese sehr schwierige und komplexe Poesie nimmt mannigfache Aspekte an: zunächst die aller auf der Bühne verwendbarer Ausdrucksmittel wie Musik, Tanz, Plastik, Pantomime, Mimik, Gebärdenspiel, Intonationen, Architektur, Beleuchtung und Ausstattung. Jedes dieser Mittel hat eine ihm eigene, besondere Poesie." [6] Wichtiger noch als diese elementare Feststellung theatraler Arbeit ist der Hinweis, dass diese Poesie des Raums „**der Zeichensprache**"[7] angehört, die Artaud als „reine Theatersprache"[8] tituliert.

Balme[9] spezifiziert in seiner Abhandlung „Einführung in die Theaterwissenschaft": „im Theater finden sich alle der Funktionen (von Zeichen) wieder: IKONIZITÄT.... INDEXIKALISCHE Zeichen .... SYMBOL."[10] Der theatralische Code ist demnach die Summe aller akustischen und visuellen Zeichen.

Der Umgang des spielenden Individuums mit der Zeichensprache des Theaters ist schon früh Gegenstand theaterdidaktischer Überlegungen bei Pielow. Die Lehre vom Theater als „Zeichenkasten"[11] birgt jene Lernzielhinweise, die später im „Typologiemodell"[12] zur zentralen Aufgabe theaterpädagogischer Modellarbeit wird.

Artauds Rückführung der Theatersprache auf die „tätige Metaphysik"[13] der Theatersprache entspricht z.B. im Ty-

---

[6] ebenda, S. 41.
[7] ebenda, S. 41.
[8] ebenda, S. 41.
[9] Balme, Christopher (1999): „Einführung in die Theaterwissenschaft", Berlin, S. 60.
[10] ebenda, S. 60.
[11] Pielow, Winfried (1984) „Theater als Zeichenkasten". In: „Spiel und Theater", Weinheim , S.123ff.
[12] Otto, Enrico (1993): „Methodische Theaterpädagogik", Münster.
[13] Artaud (1971): ebenda, S. 47.

pologiemodell der Besinnung auf archaische diesbezügliche Formen, deren Sinn und Funktion theaterpädagogisch erlernbar und für die spielende Individualität den eigentlichen Grundstock theaterpraktischer Erfahrung bildet.

Der lernende Umgang mit den zeichenrelevanten theatralischen Mitteln kann in der Theaterpädagogik über entsprechende Übungsformen erfolgen. Die Verfahrensweise entspricht durchaus dem Ansatz Grotowskis : „Die elementaren Übungen"[14].sind Grundlage. In der Darlegung „Das Training des Schauspielers"[15] spezifizieren Übungsfolgen den Teil der Eigenerforschung, die wiederum dem „Studium der eigenen Ausdrucksmittel, ihrer Widerstände und ihrer gemeinsamen Zentren im Organismus" [16]dienen.

In den „elementaren Übungen"[17] verweist Grotowski auf die „gestischen Ideogramme"[18], also auf individuelle, auf Persönlichkeit bezogene Aktionen. „Neue Ideogramme müssen ständig gesucht werden, ihre Komposition muss unmittelbar und spontan wirken. Der Ausgangspunkt für solche gestischen Formen ist die Stimulation der eigenen Vorstellungskraft und die Entdeckung primitivmenschlicher Reaktionen in einem selbst."[19]

Im nicht-professionellen Theaterspiel fehlt es an der definierbaren Befähigung des Darstellers zum Spiel. Die einzige Voraussetzung, die der potentielle Darsteller

---

[14] Grotowski, Jerzy (1999): „Für ein armes Theater", Berlin, S. 150.
[15] ebenda
[16] ebenda
[17] ebenda
[18] ebenda: S. 153.
[19] ebenda

mitbringt, ist seine individuellen Persönlichkeit, die im Typologie-Modell[20] als Spiel-Typus bezeichnet wird. Die von Grotowski definierte elementare Suche nach einem „primitiven", hier archaischen Spielanlass, führt zur Suche nach individuellen psycho-physischen Momenten im Einzelnen als wichtigem Spielanlass in der Theaterpädagogik.

Grundübungen verhelfen dem Spielunerfahrenen zu solchen Erkenntnissen über sich selbst und über die Gruppe in der er spielt. Die szenische Interaktionsübung umreißt danach die Fähigkeit zu einem gestischen Ideogramm im Sinne Grotowskis, hier also zu non-verbalen, spezifischen Darstellungsmitteln. Die von ihm angesprochenen „Widerstände" sind als sprachliche oder körperliche Barrieren erkennbar und überwindbar. Auch die von Grotowski vorgeschlagenen Übungsfolgen entsprechen modifizierten theaterpädagogischen Übungen, welche sinnvoller Weise als szenische **Vorübungen**[21] - lange vor Stückproben-Beginn - durchgeführt werden sollten.
Auch im „postdramatischen Theater"[22] von H.-T. Lehmann ist Körper „autosuffiziente Körperlichkeit"[23]. Und darüber hinaus ist Körperlichkeit das „einzige Thema"[24].
In der Theaterpädagogik spielt Körper eine ebenso zentrale Rolle. In theaterpädagogischen Übungen differenziert der Darsteller seine Physis als Aktionsfeld, individuell und unverwechselbar. Sie wird zum theatralen Superzeichen, das ihn überhaupt befähigt, ein potentieller

---

[20] vgl. dazu Otto, Enrico (1993): Methodische Theaterpädagogik, Münster.
[21] vgl. dazu Otto, Enrico (2005): Einstiegsübungen zur Vorbereitung eines Theaterprojekts, Münster.
[22] Lehmann, Hans-Thies (1999): „Postdramatisches Theater", Frankfurt/M.
[23] ebenda: S. 163.
[24] ebenda: S. 165.

Darsteller zu sein und zu werden. Die davon ausgehende unmittelbare **Wirkung** auf den Zuschauer vollzieht sich im Erfassen spieltypologischer Faktoren, die einen eigenen Bild-Reiz entwickeln. Das von expressiven Regie-Modellen entwickelte **Bilder-Theater** ist auch Gegenstand der Theaterpädagogik, indem Persönlichkeit als Bild-Reiz ein Spiel-Tableau von besonderer Intensität entwickelt.

Bei dieser Idee wird von der Tatsache ausgegangen, dass der Darsteller in theaterpädagogischen Projekten keinerlei Voraussetzung mitbringt außer seinem individuellen Körper, seiner individuellen Stimme und sonstigen Eigenarten. Das, was er dem Zuschauer anbietet, ist in der Tat der unmittelbare optisch-akustische Anblick als erste Präsentation. Das sind die wirklich einzigen Handwerksmittel, über die derselbe verfügt. Der theatrale Umgang mit diesen Handwerksmitteln muss einem erlernbaren System unterliegen, um erstens Lernfeld für einen möglichen Studiengang zu sein und um zweitens nicht in einem Chaos irgendwelcher subjektiver Arbeitspraktiken zu enden. Alternative professionelle Arbeitsmodelle konzentrieren sich ebenso auf detaillierte Körperarbeit. Hier sind mögliche Parallelen zu erkennen, auf denen fundiert aufgebaut werden kann.

Theaterwissenschaftliche Ansätze bei **Stanislawskis** „Methode" in der Schauspielerausbildung verweisen bereits auf die zentrale Perspektive der individuell ausgerichteten Körperaktion als Mittelpunkt der theatralischen Handlung. Die Forderung Stanislawskis nach dem **emotionalen Erlebnisschatz** der Schauspieler-Persönlichkeit und seine theatrale Transferleistung desselben in der Rollengestaltung verweist bereits auf den Zugriff der **Individualität** der Schauspielerperson: „der

Begriff des emotionalen Gedächtnisses stellt eine Identität zwischen eigenem Gefühlsleben und der darzustellenden Rolle her."[25] Im späteren Stanislawski-System korrigiert Stanislawski im Sinne einer Systematik, denn das „System bestand ... im wesentlichen in der Systematisierung seelisch-psychologischer (innerer) und physisch-körperlicher (äußerer) Bestandteile der Schauspielkunst."[26] Eine solche Systematisierung kann für die Theaterpädagogik, in der n u r die Individualität als Ausdruckspotential Geltung hat, nicht in Frage kommen, wohl aber die individuelle Erarbeitung eines inneren und äußeren Potentials an Darstellung.

Grotowskis „elementare Übungen"[27] hingegen basieren auf der ganz individuellen inneren Empfindung des Schauspielers, für die es keine Systematik geben kann, denn „die expressiven Mittel seines Körpers und seiner Psyche, die bis zur Selbstaufgabe und –Entblößung beansprucht werden, sind der Hauptträger des theatralen Geschehens." [28]

Die Differenziertheit des eigenen expressiven Körpers, eingefasst in das „gestische Ideogramm"[29], wird eben nicht systematisiert, sondern ganz im Gegenteil dadurch subjektiviert, dass beständig „neue Ideogramme ... gesucht werden, deren „Komposition ... unmittelbar und spontan wirken muss."[30]

Die von Grotowski vorausgesetzte **Spontaneität** ist in der Tat die Motivation in der theaterpädagogischen

---

[25] Balme (1999): ebenda, S. 118.
[26] ebenda
[27] Grotowski (1999): ebenda, S. 150.
[28] Balme: ebenda, S. 121.
[29] Grotowski: ebenda, S. 153.
[30] ebenda, S. 153.

Übung, um die individuelle Körperexpressivität zu stimulieren. Weitere Übungshilfen sind die von Grotowski angeführte „Stimulation der eigenen Vorstellungskraft"[31] sowie die ganz wichtige „Entdeckung primitiv-menschlicher Reaktionen in einem selbst."[32] Diese Forderungen können für die theaterpädagogische Vorübungsphasen ebenso Geltung haben, denn die individuelle Fähigkeit zur expressiven Körperaktion liegt in jedem Darsteller begründet. Er muss sie wiederentdecken, reflektieren und für die szenische Arbeit neu einrichten. Sie ist nichts Neues, von außen Gefordertes oder Auferlegtes, ist eher ein schlummerndes Potential, das seine Bestimmung in der Unverwechselbarkeit typologischer Aktionen sucht und findet. Während in den Grotowski-Übungen die „Kompositionsübungen unbegrenzte Möglichkeiten ... bieten"[33], ist die Begrenzung des nicht –professionellen Darstellers schnell erreicht. Zugunsten einer totalen Individualität des Darstellers müssen Grenzen akzeptiert werden. Wichtig ist, Spiel im Rahmen solcher Grenzen zwar zu ermöglichen, aber auch als machbar zu definieren, ohne einen Darstellungsrahmen zu sprengen. Für die auf diese Weise arbeitende Gruppe entsteht im Sinne Grotowskis eine „lebendige Form, die ihre eigene Logik besitzt."[34]

Auch theaterpädagogisch ist die lebendige Form die ausgeprägte gruppenbezogene Inszenierung, die unverwechselbar als Gruppenleistung existiert, ohne auf ein anderes Konzept systematisch übertragbar zu sein. Die von Grotowski im Theaterlabor vorgeschlagenen Übungsfolgen sind für den theaterpädagogischen

---

[31] Grotowski (1999): ebenda, S. 153.
[32] ebenda, S. 153.
[33] ebenda, S. 153.
[34] ebenda, S. 153.

Gebrauch nur Rahmenbedingungen, die im einzelnen vom ausgebildeten und versierten Theaterpädagogen für die jeweilige Gruppe als Vorübungsphasen realisiert werden müssen.

Weitere Geltung haben Grotowskis „**Interaktionsdynamik**"[35] sowie die dazu gehörenden Kriterien wie „körperliche **Ikonizität** und Diversifizierung der Möglichkeiten des sichtbaren Körpers, **Proxemik**: Orientierung des Körpers in Relation zum Bühnenraum und zum Publikum sowie Bewegungen und Dynamik des Körpers im Bühnenraum. **Mimischer** und **gestischer Ausdruck**: sichtbare Expressivität des Körpers. Vokalität: hörbare Expressivität des Körpers."[36]

Die Interaktionsdynamik bezieht sich auf die Zusammensetzung und die innere Wirkungsfähigkeit der Gruppe, die wiederum dann über einen äußeren Kommunikationsweg den Zuschauer erreicht. Dabei gilt: je genauer die innere Interaktionsfähigkeit abläuft, desto interpretierbarer erscheint der äußere Kommunikationstransfer und desto dichter daher die Mitteilung der Gruppe an ihren Zuschauer. Der dynamische Anteil ist strukturell zu verstehen, denn die zielgerichtete Interaktion differenziert sich progressiv stufenbezogen und ablaufstrukturiert.

Die körperliche **Ikonizität** betrifft den körperlich-semiotischen Ablauf im Szenischen.

Auch in theaterpädagogischen Projekten ist die **Totalität der Körperexpressivität** wichtige Grundlagenarbeit für die Darstellungsbreite eines Darstellers. Fest steht, dass in entsprechenden Arbeitsmodellen davon kaum die Rede ist. Propädeutische Körperarbeit ist nicht nachweis-

---

[35] Balme (1998): ebenda, S. 123.
[36] ebenda

bar. Sie ist aber ein tragendes Handwerksmittel des Darstellers, auf das nicht verzichtet werden kann, wenn es um sinnvolle Projektarbeit gehen soll. Die dabei nachweisbare individuelle Eigenart der Bewegungsabläufe, ihre koordinierbare, gruppenbezogene Aktion sowie die psychisch-motorische Motivation sind grundlegende Arbeitsbedingungen für Proben- und Aufführungsarbeit.

Die **Orientierung** des Darsteller-Körpers im Raum, sein Raum-Körper-Bezugssystem in Form detaillierter Gangkompositionen, die sich auf Raumdetails beziehen können, die Bühnenorteinrichtung und der Bühnenortbezug, die partnerbezogene Anspielsituation, die Systematik des körper- und bewegungstechnischen Gesamtablaufs sind ebenso szenisch-theatralische Notwendigkeiten. In einer entsprechenden Arbeit an einem Bühnenmodell lassen sich diese Überlegungen planen, einrichten, korrigieren und dann schließlich übertragen.

Pantomimische Formen, die Mimik und Gestik trainieren sorgen für die Expressivität emotionaler Vorgänge. Auch hier ist die Individualität des optisch-akustischen Ausdrucks zu wahren.

Alle erwähnten Formen unterliegen einer **spontanen** Übungsfolge, die fern aller Systematisierung oder Schematisierung der Übungsabläufe und deren späterer Einrichtung im theaterpädagogischen Projekt sein sollte. Theaterwissenschaftlich nachweisbare Projektarbeiten wie z.B. die von Grotowski in seinem Theaterlabor spezifizierten **grundlegenden Überlegungen** zu elementaren Darstellungsformen, sollten in der Theaterpädagogik ähnlichen Überlegungen folgen. Beiden ist der zentrale Aspekt **des Menschen** und seiner **Individualität** im

Darsteller eigen. Der Unterschied liegt sicherlich in der professionell angelegten **perfektionierten Sprache** und **Diktion**. Allerdings kann auch der theaterpädagogisch arbeitende Laie eine gewisse Bandbreite der **Sprachmodulation** erreichen, die eben fern aller Monotonität im üblichen Laienspielsinne ist.

Die grundmenschliche Spielkomponente ist auch Anlass zu Übungsüberlegungen bei Lee Strasberg: „das Außergewöhnliche am Schauspielen ist die Tatsache, dass das Leben selbst genutzt wird, um künstlerische Ergebnisse zu erzielen."[37] Auch Strasberg reflektiert im Schauspielen grundlegende Möglichkeiten der menschlichen Natur: „die menschliche Natur des Schauspielers ermöglicht nicht nur seine Größe, sie ist zugleich der Ursprung seiner Probleme ... (er) verfügt als Mensch über eine bestimmte Sensibilität und über Fähigkeiten, die es (ihm) möglich machten, jene großartigen Darstellungen zu schaffen, ohne dass (ihm) der Prozess dabei bewusst war."[38] Ähnliche Situationen kennt die theaterpädagogische Praxis. Körper- und Sprachbarrieren sind bei den meisten üblich, z.B. individuell wegen ihres Gefühllebens und wegen der Probleme ihrer menschlichen Existenz."[39] Wiederholt lässt sich feststellen, dass die meisten Spielinteressenten durchweg das gleiche Problem haben, das Strasberg so zusammenfasst: „im Leben ist das Leben selbst ein sicherer Maßstab, denn wenn man unrealistisch mit dem Leben umgeht, reagiert es so, dass man dies zwangsläufig korrigieren muss."[40] Daraus folgt Strasberg: „Obwohl sich der Schauspieler im Leben ziemlich unbe-

---

[37] Strasberg (1999): ebenda, S. 104.
[38] ebenda, S. 105.
[39] ebenda
[40] ebenda, S. 109.

fangen verhalten kann, fällt es ihm schwer, dieselben Verhaltensweisen unter fiktiven Bedingungen auf der Bühne zu spielen."[41]

Diese Strasberg - Feststellungen lassen sich direkt und komplett auf theaterpädagogische Übungen und Erfahrungen in Übungen übertragen. Überwundene Körper- und Sprachbarrieren führen längst nicht zu entsprechenden Emotionen und Empfindungen oder Verhaltensweisen auf der Bühne. Mühselig müssen sie Stück für Stück auf der Bühne umgesetzt werden. Hier hilft die **Methode vergleichbarer Szenenabfolgen** - real und fiktiv.
Realszene wird neben Stückszene gestellt.Kongruenz vorausgesetzt, erspielt sich der Darsteller in kleinen Schritten ein Stück Realität in der Fiktion. Hinzu kommt die Lebenserfahrung des betreffenden Darstellers, der möglicherweise ähnliche Realszenen erlebt hat. „Im Leben ist Leben selbst ein sicherer Maßstab"[42] - die Tragweite dieser Feststellung lässt sich in entsprechenden theaterpädagogischen Übungen leicht nachweisen. In der Tat ist die Realsituation der einzige Maßstab für die entsprechende Szenengestaltung. Also liegt der Schwerpunkt solcher Szenengestaltungen in der entsprechenden Realszeneneinrichtung.

Die Erfahrung zeigt aber auch, dass, nach längeren Vorübungen zu solchen Realszenen, Darsteller durchaus imstande sind, fiktive Stückvorgänge typologisch zu bewältigen. So bestätigt Strasberg für seine Schauspielausbildung:
    „Wir glauben..., der Schauspieler braucht einen
    Menschen nicht nachzuahmen, denn er ist selbst
    einer und kann aus sich heraus kreativ sein. Der

---

[41] ebenda, S. 108.
[42] ebenda, S. 109.

Schauspieler ist das einzige Kunst-Material, das zugleich Material und Wirklichkeit sein kann, so dass man die beiden Dinge nicht voneinander unterscheiden kann." [43]

Über die kreative Schiene, das bedeutet über den variablen Umgang mit verschiedenen stilistisch zu „Kunst-s-theatralischen Mitteln in Vorübungsphasen, wird auch der nicht-professionelle, aber erfahrene Darsteller Material - hier also zur Gestaltung fiktiver Stückkonzepte. Das bedeutet theaterdidaktisch, dass der Darsteller den kreativen Prozess aufgrund einer tiefen **Phantasie** eigenen theatralischen Empfindens anhand der Erfahrung mit den zur Verfügung stehenden theatralischen Mitteln zu entwickeln beginnt und stärker perfektioniert. Er braucht also nur- wie der Schauspieler bei Strasberg - Übungen[44], die seine Phantasie im Umgang mit einem fiktiven Stückkonzept anregen und dieses ausprobieren lassen.

Der erste Schritt theatraler Selbstfindung wird durch den zweiten Schritt des emanzipierten Umgangs mit dem Theater-Material (Stück und Szene) abgelöst.

Damit wird deutlich, dass es sich bei solchen Arbeitsmodellen in der Theaterpädagogik nicht nur wie in der theaterwissenschaftlichen Methodik obiger Vertreter um schlichte **Sozialisierungsprozesse** gehen kann, sondern - auf diese aufbauend - eben auch um notwendige theatralische Lernfelder.

In den theaterpädagogischen Übungen bedarf es einer gewissen Routine, die dazu führt, dass das Erarbeitete ins theatralische Unterbewusstsein rutscht und dann eine gewisse **Selbstverständlichkeit** einsetzt, wenn es

---

[43] ebenda, S.110.
[44] vgl. Otto, Enrico (2003): Inszenierungstechniken in der theaterpädagogischen Produktion, Münster.

darum geht, kreative Aktionsformen theatralisch einzusetzen:

„Im Menschen ist Ausdruck, wenn er sich am wenigsten darum kümmert." Dieser Strasberg-Satz lässt sich ebenso für die thaterpädagogische Aktionsübung belegen.[45] Solange sich der nicht-professionelle Darsteller bewusst auf die Defizite im Darstellungsablauf konzentriert, gelingt ihm kein entscheidender theatralischer Ausdruck, keine freie Bewegung, kein sinnvolles Anspiel, kein brauchbarer Bühnenraumbezug.

Erst die sinnvolle Theater-Übung, in der Körper und Sprachbarrieren abgebaut werden, erlauben es dem Darsteller, lange vor einem Projekt frei mit den theatralischen Mitteln umzugehen und zwar so, dass daraus auch ein kreativer Umgang mit diesen zustande kommt.

Das bedeutet, dass Vorübungsphasen nicht unbedingt im direkten Zusammenhang mit einer Projektarbeit stehen müssen, sondern einen eigenen Lerncharakter entwickeln. Stanislawski betrachtete es als grundlegend, dass seine Trainingsarbeit nicht unmittelbar für die Produktion auf der Bühne bedacht war. Bei der Trainingsarbeit lernt der Schauspieler, mit welchen Mitteln er seine Phantasie anregt."[46]

Leider ist es im nicht-professionellen Theaterbereich so gut wie gar nicht üblich, sich auf Vorübungsphasen einzulassen. Der erste theatralische Schritt ist auch schon der Schritt ins Theaterprojekt. Wie selbstverständlich wird (auch im Schultheater) Kenntnis der medialen Arbeit, Einstieg in theatralische Mittel, Spielablauf und Spielbezug, Partnerarbeit und Anspiel vorausgesetzt und daher nicht reflektiert.

Die Selbstverständlichkeit des theatralen Aktionszusammenhangs in einer Spielgruppe setzt die Einzelaus-

---

[45] Strasberg (1999): ebenda, S. 113.
[46] ebenda, S.116.

einandersetzung mit den Defiziten in Vorübungen voraus. Der Darsteller und sein Team hat sich auf die „Grundausrüstung"[47] des Menschen mit Ausdrucksmitteln rückzubesinnen, sie in das eigentliche Bewusstsein zurückzuholen, sie im Einzelnen zu ermitteln, sie zu erproben und schließlich einzusetzen.

> "Jede Übung ist ein Weg, die eigenen Ausdrucksmittel zu erforschen und zu erfahren, welchen Hemmungen sie unterliegen und wo im Organismus ihre gemeinsamen Zentren liegen."[48]

Grotowski spezifiziert den Weg zur Erforschung solcher Möglichkeiten:

> "Wir müssen die eigene Vorstellungskraft stimulieren, müssen in uns selbst nach ursprünglichen menschlichen Reaktionen suchen, denn sie sind die Ausgangspunkte für diese gestischen Zeichen."[49]

Sowohl Strasberg als auch Grotowski versuchen in ihrer alternativ wirkenden Schauspiel-Pädagogik den Schauspieler auf sein elementares Menschsein zurückzuführen, um daraus Schauspiel-Ausdruck zu gewinnen, der nicht System- oder Schauspiel-Lehrer-Bezug hat.
Das kommt der theaterpädagogischen Darsteller-Übung sehr entgegen, denn auch hier soll der Versuch gemacht, werden, von einer allgemein fundamentalen Darsteller-Fähigkeit aus grundmenschlicher Sicht auszugehen, denn „Schauspielen liegt in jedem Menschen."[50]
Während die professionellen Ansätze beider Theaterlaboristen die Fähigkeit des Schauspielers nach Grad des

---

[47] ebenda, S. 113.
[48] Grotowski (1999): ebenda, S. 131.
[49] ebenda, S.133.
[50] Strasberg (1999): ebenda, S.114.

Talentes dabei testen und einschätzen, kann das nicht Gegenstand eines Beurteilungskriteriums in der Theaterpädagogik werden. Hier wird eher der Grad der Ich-Darstellung an deren sinnvollster Perfektion getestet werden können.

Szene aus Joyce Carol Oates' „Mondlicht" (Theaterlabor der WWU Münster)

III. Schau-Spielen

Die entscheidenden Impulse, die von Lee Strasberg zur Schauspielertätigkeit ausgehen, sind solche Hinweise: der Schauspieler ist im wesentlichen nicht **nur ein Stückinterpret**, sondern auch – und das vor allem - ein **kreativer Künstler**, der unabhängig von einer Vorlage kreativ arbeiten kann.

„Wird die Schauspielkunst ausschließlich als eine interpretierende Kunst angesehen, so werden entsprechend die äußerlichen Elemente des Schauspiel-Handwerks betont, wird aber Schauspiel als eine kreative Kunst verstanden, so bedingt das unausweichlich die Suche nach den tieferen Quellen."[51]

In der Theaterpädagogik sollte der Darsteller sich ebenso als eigentlicher eigenständiger Theater-Handwerker verstehen, der, aus den o.g. Quellen schöpfend, die theatrale Eigenfindung zum Theatererlebnis machen kann. Der entscheidende Unterschied zur Professionalität liegt sicher in der angestrebten Zielrichtung theaterpädagogischer Arbeit.
Erstens ist Darstellung ein **Ich-Lernfeld,** sozial, psychisch und physisch. Zweitens aber ist Darstellung die Perfektionierung der **theatralen Selbstdarstellung** als typologisches Konzept - nicht in eine andere, fremde Rolle schlüpfen ist das Ziel (wie auch?), sondern sich Facetten bestimmter Rollen wie einen Maßanzug anzuziehen. Dabei entsteht der theatrale Schau-Effekt und macht Theaterspiel zu einem Schau-Spielen. Die dabei

---
[51] Strasberg (1999): ebenda, S. 121f.

entstehenden emotionalen Vorgänge gehören zur typologischen, damit subjektiven Rollengestaltung.

Schauspielen bedeutet in diesem Zusammenhang auch eine **Schau** zu gestalten. Der optisch-akustische Eindruck ist der unmittelbare und dauernde Eindruck, den die Darsteller beim Publikum hinterlassen. Laientheater legt darauf sehr wenig wert. Meistens kommt es auf die Wiedergabe von Texten an, die man spielen will, der optisch-akustische Eindruck wird fast nur durch Bühnenbild und Kostüme repräsentiert. Dass Körper, Körperbewegungen, Statik und Dynamik der theatralischen Aktion einen ebenso starken Eindruck machen müssen, ist genauso wichtig. Das hat natürlich etwas mit Bühnenpräsenz zu tun. Es wird oft eingewendet, dass Bühnenpräsenz die Summe vieler künstlerischer Anlagen sei. Das mag für die professionelle Schauspielerei gelten. Der nicht-professionelle Darsteller vermittelt Bühnenpräsenz über seine szenische, sehr subjektive Verhaltensweise, indem er sein Spiel bewusst einrichtet und auf seine Wirkung hin überprüft. Dabei dienen ihm die Vorübungen als Grundlage. Sie sind Test für ein erfolgreiches Präsentieren eigener Wirkungseffizienz, welche nicht selbstverständlich ist und darüber hinaus keineswegs ständig präsent. Sie muss mühevoll in Phasen erarbeitet werden. Schauspielen ist also eine den Bewusstseinsprozess betreffende effektive Aufbauarbeit eigener darstellerischer Typologie. Die **Synthese** der Bühnenraumgestaltung mit Kostümen, Masken, Licht, Musik und Darstellung kann erst zur Bühnenpräsenz führen. Das bedeutet daher, dass in den Vorübungsphasen all diese theatralischen Phänomene zusammen an kleinen Vorgängen erarbeitet werden müssen, um **ein Feeling** dafür zu bekommen.

Nach erfolgreicher Bearbeitung dieses Phänomens wird deutlich, wie unsinnig das Kriterium des „künstlerischen Talents" ist, das eigentlich kein allgemein gültiges Kriterium sein kann, wenn es nicht darstellerbezogen differenziert wird.

Szene aus Harold Pinters „Der Liebhaber" (Theaterlabor der WWU Münster)

IV. Theatre now

Die Erfahrung des „Jetzt" wie sie in der Avantgarde-Theaterkonzeption des Off-Off-Theatre in den USA der sechziger Jahre formuliert wurde, spricht zunächst die **Unmittelbarkeit** der theatralischen Situation an. Sie ist der prägende Augenblick einer Theatererfahrung aus erster Hand. Es gibt keine mediale Botschaft aus zweiter Hand: „der Vorgang, der im Augenblick zwischen allen Anwesenden stattfindet ist die Botschaft."[52]
D.h. die „Erfahrungen, die man beim Probieren macht, sind wichtiger als das Endprodukt."[53] Die damit begründete neue Theaterästhetik bezieht sich eindeutig auf den Vorgang des Produktionsprozesses an sich. Hier liegt der **Erfahrungs-** und somit auch **der Lernwert** aller, der Darsteller wie der Zuschauer. Daraus folgt für die Vorlage der Theater-Produktion: „Die Autoren schreiben für heute, sie haben nicht den hohen Kunstanspruch, der in Europa üblich ist, es entsteht ein Theater ohne Aura. Das neue Theater befasst sich ausnahmslos mit lebenden Autoren, die meistens bei der Probenarbeit mitwirken, oft sogar die Stücke dabei selbst erstellen ... Ebenso deutlich ist eine Tendenz zum kollektiven Schreiben von Stücken abzulesen, die meist über Improvisationstechniken entstehen. Auch dabei kommt es nicht darauf an, Literatur zu schaffen, sondern darauf, dass etwas - die Erfahrung - zwischen Zuschauer und Macher entsteht. Die Stücke sind oft kaum mehr als ein Szenario, sie geben nur eine Andeutung davon, was man damit machen kann."[54]

---

[52] Heilmayer, Jens/ Fröhlich, Pea (Hrsg.) (1971): Now-Theater der Erfahrung. Köln, S. 8.
[53] ebenda, S. 8.
[54] ebenda, S. 8.

Für die theaterpädagogische Arbeit, speziell in Schulen, ergeben sich mehrere wichtige Arbeitsschwerpunkte. Erstens ist die Verlegung der Arbeitsperspektive von der Aufführung an sich auf den eigentlichen Produktionsvorgang ein hoch theaterdidaktisches Konzept. Das bekannte „Learning by doing" gewährleistet einen lernenden Einblick in semiotisch orientierte Arbeitsweisen sowie in Formen praktischer Theaterarbeit. Das ist ein wesentlicher Schritt zur Medien-Emanzipation des schulischen wie außerschulischen Interessenten.

Zweitens verweist der Einbezug der Autorenschaft in die theatralische Produktionsebene auf die **organische Einheit** von Vorlage und theatraler Umsetzung. Auch das ist für theaterpädagogische Lernvorgänge von herausragender Bedeutung, weil die Ablauffunktion theaterbezogener Texte immer in Hinblick auf deren Umsetzungsfähigkeit erkennbar sein sollte und diesbezüglich geprobt werden muss. Darüber hinaus entsteht progressives Schreiben als kreativer Prozess als funktionsbezogener Ansatz.

Drittens entsteht dadurch Gebrauchsliteratur aus der Augenblickserfahrung des Jetzt, möglich gemacht durch Wechsel von Improvisation und Schreibsituation.

Viertens entsteht hierbei die **eigene** Schreib- und Spielmotivation. Das ist gruppenbezogenes Arbeiten, sehr individuell, auf die eigenen Schreib- und Spielmöglichkeiten bezogen. Die Stückvorlage wird nicht als Fremdkörper empfunden und erst recht nicht als Literatur, die durch den bekannten Anspruchscharakter gerade für theaterpädagogische Arbeitsformen wegen des Erwartungsdrucks sowie der ständigen Vergleichsmöglichkeit eher ungeeignet ist und darüber hinaus zu falschen Beurteilungskriterien führt.

Fünftens ergibt sich durch die Feed-back-Reflexion, (was für den Zuschauer an Botschafts-Herstellung machbar ist), ein Eindringen in den medialen Vorgang und in seine zuschauerbezogenen Funktionsweise.

Wichtige Hinweise der professionellen Ebene des Now-Theaters wie die der Nach-Freudschen Gestaltpsychologie in Hinblick auf den absoluten theatralischen Gegenstand der **Erfahrung,** kennzeichnen die eigentliche Motivationsperspektive auch theaterpädagogischen Arbeitens. Improvisationsformen bewegen sich stets im Bereich der eigenen Lebenserfahrung. Aus ihr lässt sich schöpfen, sie ist die Quelle theatraler Vermittlungsfunktionen, die vom Macher selbst in Qualität und Umfang auch kontrollierbar sind.
„Die Sprache des Now , die ....nicht notwendigerweise aus Wörtern bestehen muss."[55] verweist auf Zeichensysteme .Vielfachformen des Theatralischen können eingebracht werden. Pantomime, Bildertheater sind gefragt. Film- und Videosequenzen, Musik, Laute, Geräusche, Körperaktionen, Masken, Kostüme und Sprachfetzen bilden die Grundstruktur des theatralischen Konzeptes. Im schulischen theaterpädagogischen Arbeitsbereich sind interdisziplinäre Unterrichtsformen für das theatrale Konzept gefordert. Sie schaffen die Voraussetzung für multimediale Vorgänge. Das führt weg von der intellektuellen Verkopfung literaturtextbezogener Interpretationsvorgänge, die oftmals als primäre Unterrichtsgesichtspunkte Spielprozesse entweder verhindern oder zerstören können.
In der zunehmenden Freizeitgesellschaft sind Theaterspielvorgänge auch Gegenstand von Freizeitbeschäftigung.
Sowohl im Erwachsenen- wie Seniorentheater gelten ähnliche Regeln, die den Produktionsvorgang Theater betreffen. Erfahrung ist gerade hier der wichtigste Ar-

---

[55] ebenda, S.10.

beitsaspekt überhaupt. Lange Lebenserfahrungen führen zu kontroversen Diskussionen, wenn Erfahrungsvorgänge in die Produktionsprozesse eingebracht werden. Motive erscheinen kompakt und vertieft, aus der eigenen Erfahrung vordergründig wichtig und immanent. Die Sprache ist dabei situationsbezogen, zwar korrigierbar, aber von ihrer Verifizierungsmöglichkeit im theatralen Ablauf abhängig. Das bedeutet: ohne Kenntnisse der theatralen Umsetzungsvorgänge und ihrer semiotisch ausgerichteten Funktionen kann keine Vorlage richtig entstehen und damit auch nicht das Stück als komplexe organische Einheit.

Szene aus Ira Levins „Veronicas Zimmer" (Theaterlabor der WWU Münster)

V. Das räumlich-zeitliche Theater

Wilsons Stücke sind räumlich-zeitliche Stücke:

> "Wenn ich an einem Stück arbeite, zeichne ich jede Szene wieder und wieder, um vertrauter zu werden mit den Proportionen des Raums, um ein Gefühl für das Licht und die emotionale Struktur zu bekommen."[56]

Daraus wird ersichtlich: modernes Theater ist auch aus der Perspektive des bildenden Künstlers ausrichtbar. Es muss nicht immer Gegenstand der Literatur- oder Theaterwissenschaft sein. Theater machen bedeutet heute im aktuellen Regie-Theater auch wortunabhängig zu sein. Interdisziplinäre Formen sind oft Ausgangspunkte für außergewöhnliche Theaterprodukte. Die Geschichte des Theaters zeigt wiederholt solche Ansätze.

In der „futuristischen Bühnenatmosphäre"(1924) zeigen sich neue Grundprinzipien der Theaterarbeit. Man spricht von der **Bühnendynamik** und meint damit die „vierdimensionale szenische Umwelt - Vorrang des räumlich-architektonischen Elements".[57] Hier liegt der Versuch vor, die gemalte Hintergrundskulisse zugunsten einer **Bühnenplastik**, die in einen realitätsbezogenen „konstruktiven Organismus"[58] endet, zu ersetzen.

Darin enthalten sind Forderungen nach theatralischer Konzeption auf Basis von **Körperlichkeit** (Element Mensch)[59] und **Bewegungsdynamik** (theatralische Akti-

---

[56] Wilson, Robert (1982): Die goldenen Fenster. München/Wien, S. 103.
[57] Prampolini, Enrico (1992): Futuristische Bühnenbildnerei. In: Braunek: ebenda, S.98.
[58] ebenda, S. 99.
[59] ebenda, S.99

on)[60], wie sie im modernen Regie-Theater europaweit anzutreffen sind.
Die weitere Forderung der Futuristen mündet in der Konzeption des „polydimensionalen Bühnenraums"[61], einem Bühnenraum also, der im Gegensatz zur traditionellen Guckastenbühne eine ganz offene Spielmöglichkeit mit der möglichen Aufhebung der Trennung von Aktions- und Zuschauerraum wünscht. Auch beinhaltet dieses Konzept die offene **Raumbühne**, die eben keine genau definierbare Bühne braucht, sondern auf vielfältigen, architektonischen Ebenen spielen lässt.
Architekturkonzepte prägen hier den Spielablauf und schaffen Bühnengeschehen, das sich von traditionellen Spielvorstellungen löst.

Die Chance für die theaterpädagogische Arbeit liegt hier im Überall-Spiel, intern und extern. Die reale architektonische Wirklichkeit wird zur Spielwirklichkeit. Spielprozesse sind individuell körperbezogen und von der Bewegungsdynamik bestimmt. Das kommt der Überlegung entgegen, dass Laien keine Voraussetzungen zum Spiel mitbringen als nur die eigene individuelle Körperlichkeit, die einem Bewegungsablauf unterworfen ist, welcher reflektierbar und daher entsprechend einsetzbar ist.
Noch weiter: in der Bühnenplastik entwickelt der Raum selbst dynamische Spielelemente, die die Körper-Plastik nicht nur unterstützen, sondern sogar ersetzen können.
Daraus ergibt sich das „polyexpressive Theater"[62], das ungeahnte Möglichkeiten szenischer Mitteilung bereit hält:
„Der menschliche Schauspieler wird zum Schauspieler-Raum, zur neuen Bühnenindividualität."[63]

---

[60] ebenda, S. 100.
[61] ebenda, S. 100.
[62] ebenda, S. 102.

Natürlich bringt das viele Vorteile für nicht-professionelle Theaterarbeit, denn die audio-visuelle Aufnahme einer theatralisch erarbeiteten Botschaft vermittelt sich interdisziplinär und damit vielfältig. Räume, bewegliche Spielflächen, Lichtregie und differenzierte Aktionsdynamik sind für theaterpädagogische Projekte theaterdidaktisch wertvoll, aber noch zu entdecken. Die damit verbundenen Lernziele liegen eindeutig in einem vertieften Verständnis des semiotisch orientierten Apparates sowie seines Anwendungsmodus. Das bedeutet also, zurückzugehen zu einfachen, mitteilungsintensiven Spielformen und Abläufen, die die unmittelbare architektonische und soziologisch-psychologische Realität als Spielkonzept nutzen. Während das traditionelle Schultheater z.B. immer noch Probleme beim Einstieg in potentielle, aber traditionelle Spielformen entwickelt, liegt die Einfachheit nahe, am Subjekt Mensch und Raum, Mensch und Licht, Mensch und Bewegung zu arbeiten.

Es kann nicht Sinn theaterpädagogischer Projekte sein, reine **künstlerische, nur intellektuell reflektierbare Imitate** des professionellen Theaters zu entwickeln und schon beim ersten Versuch, vernünftige **Kriterien** dafür zu entwickeln, zu scheitern.

Im Lothar Schreyer-Manifest von 1916 wird das **Gesamtkunstwerk** als „selbständiges Kunstwerk"[64] entdeckt. Darin liegt die **Vision einer Kunstgestalt**[65] begründet, die die Zusammenhänge vielfältiger Kunst deutlich macht. Es ist die organische Einheit aller Künste „gebildet aus den künstlerischen Ausdrucksmitteln Form, Farbe, Bewegung und Ton".[66] Es wird darüber hinaus

---

[63] ebenda, S. 102.
[64] ebenda, S. 113.
[65] ebenda S. 113
[66] ebenda, S.113.

ein „selbständiges Kunstwerk in Raum und Zeit."[67] Spiel wird zum Körperspiel in einem Raum innerhalb einer durch Aktion gestalteten **Zeit.**
„Der bewegte Körper ist auch der tönende Körper"[68] und der „Ton ist Einzelton oder Tonverbindung. Seine Kunstmacht ist abhängig von Höhe, Stärke, Geschwindigkeit und Klang des Tones."[69]

Theaterpädagogische Projekte sollten mehr akustische Funktionen als darstellende Momente einbringen, nämlich die Funktion der unterlegten Musik, die Gesang-Stimm-Modulationsmischung vokaler und musikalischer Laute. Die Funktion der Pausenmusik, der atmosphärischen Untermalung, ist das, was durch das obige Manifest mit zur archaischen Spielfunktion gehört. Dadurch wir die natürliche Spielweisenfunktion durch den akustisch-elementaren Teil erweitert. Wichtig dabei ist, dass „jedes Teil des Kunstwerkes von **seinem Rhythmus** getragen wird."[70]
Rhythmus gilt als **Strukturelementmöglichkeit** des theatralischen Spielablaufs. Bereits in der Vorschulerziehung wird die rhythmische Erziehung von Cramm-Fischer[71] als ganz wichtiges Darstellungselement gesehen. Rhythmus ist hier der Einstieg in das Verständnis von „Welt" schlechthin.

Das Theater der Totalität argumentiert mit dem Produktionsbegriff als wesentlichem Aspekt theatralischer Eigenleistung. Das entspricht dem Konzept der bereits in den 70ziger Jahren aufgestellten Forderung der Spiel-

---

[67] ebenda, S.114.
[68] ebenda, S.115.
[69] ebenda, S.115.
[70] ebenda, S.115.
[71] ebenda, S.116

und Deutschdidaktik (Pielow).[72] Produktion wurde als sozio-psychisches Element zur speziellen **Identitätsdefinition** der Spielgruppe definiert und mündete in der Feststellung, dass die Gruppe, die spielt auch die Gruppe ist, die sie in Wirklichkeit ist. Damit ergibt sich eine Kongruenz aus Gruppenbewusstsein und Spielsituation. Die Übereinstimmung von o.g. Theaterthese und Theaterdidaktik läge auch in der Aufgabe des Schauspielers, „das allen Menschen Gemeinsame in Aktion zu bringen."[73]

In Bragalias **Lichtregie** steckt das Phänomen des psychologischen Lichts, das durch „wechselnde Intensität, durch seine Bewegung und Farbigkeit gleichsam mitspielt"[74]
Auch hier ist das theaterpädagogische Projekt gefragt. Es soll versuchen, **Stimmungen**, die im nichtprofessionellem Theater neben dem **Atmosphäreschaffen** ein schwieriges und wenig beachtetes Unternehmen sind, durch Lichtstruktur, durch Lichtfarben und Lichtstärkewerten herzustellen und in den Spielablauf zu integrieren. Licht kann dabei als Struktur- als auch als Genregestaltungselement genutzt werden.

---

[72] Pielow, Winfried (1976): Produktionsprojekt: ein Theaterstück. In: Theorie und Praxis im Deutschunterricht, München.
[73] Brauneck (1992): ebenda, S. 15
[74] ebenda, S.184.

VI. Das Stationen-Theater

Das „**Stationenmodell**"[75] gilt als die Grundlage des expressionistischen Dramas z.B. bei Strindberg. Die Dramaturgie des **Traumspiels**[76] definiert das Stückkonzept als Synthese des Realen und Irrealen sowie durch „Verzicht auf Handlung im Sinne psychologisch kausaler Motivation der Geschehnisfolge...Raum und Zeitdimensionen sind vermischt."[77]
Es entsteht die Darlegung einer „inneren Wirklichkeit ... Reflexion von Erinnerungen, Lebensentwürfen, Wünschen und Träumen."[78]
Die doppelte Funktion, die der wirklich erlebbaren Tagwelt und die des Traums führt im Stück dazu, die „Totalität des Lebens"[79] zu erfahren. So ergänzen sich Dichtungs- und Lebenswirklichkeit, um Sinnzusammenhänge besser zu begreifen. Die Traumspieldramaturgie bezieht sich auf die Suche des „sich selbst entfremdeten Ichs".[80]
Im sogenannten „ekstatischen Theater"[81] suchen die deutschen Expressionisten nach einer neuen Vermittlungsästhetik. Sie finden sie in dem Begriff der **Abstraktion** als ordnenden Begriff in einem Wirklichkeitschaos, dem gegenüber der Mensch sein „Vertrauensverhältnis verloren hat".[82] Das Traumspiel verbleibt trotzdem im Bereich des Literaturtheaters.

---

[75] vgl. dazu Brauneck (1992): ebenda
[76] ebenda, S.206.
[77] ebenda, S.208.
[78] ebenda, S.208.
[79] ebenda, S.208.
[80] ebenda, S.209.
[81] ebenda, S.209.
[82] ebenda, S.209.

Hier finden sich theaterpädagogische Anknüpfungspunkte für Jugend-Theater-Projekte. Traum und Zauber als wirklichkeitsentrückte Phantasien können in entsprechenden Jugendprojekten zu lebensgestaltenden Organismen führen.

Im Traumspiel reflektiert der entsprechend angeleitete Jugendliche seine eigene Wirklichkeit im Sinne der oft existierenden Vermischung von Wunsch und Realität.

Damit vollzieht sich auch hier die Tendenz des expressionistischen Traumspiels, das Individuum in einem „instinktiven Drang"[83] darzustellen, den Dingen „einen subjektivistisch verstandenen Notwendigkeitswert und Gesetzmäßigkeitswert zu geben".[84]

In entsprechenden Erinnerungswerten eines Seniorentheaterstückes lassen sich ebenso Traumspiel-Tendenzen feststellen, die den oben erwähnten „Notwendigkeitswert" erkennen lassen. Der Rückblick auf bestimmte Lebensphasen, auf detaillierte Ereignisse oder Zustände können in ihrer atmosphärischen Tragweite aus dieser vermischungsgestalteten Erinnerung und geschilderten Wirklichkeit dargelegt werden. Jugend und Alter beziehen ihre Stückkonzeptionen aus gleichen Quellen. Die Traumspieldramaturgie kann sowohl im literarischen Stück als auch im selbstgeschriebenen Konzept realisiert werden.

---

[83] ebenda, S.210.
[84] ebenda, S.210.

VII. Die Bauhaus-Bühne

Der theatrale Raum ist ein Lebensraum, in welchem das grundlegende Verhältnis von Mensch und Raum von Oskar Schlemmer definiert wird.
Die „Mathematik des Theaters"[85] geht von der Idee der „fundamentalen Form- und Bewegungsstruktur des menschlichen Körpers und dessen choreographischen Möglichkeiten im Raum"[86] aus.
Im Mittelpunkt steht also die Erforschung des Theaters als Raumproblem: „die Konstruktionsmomente des Raums wurden aus der Dialektik von Mensch und Raum abgeleitet.[87]

Tanz und Figurinentheater werden zum zentralen Aspekt der Bühnenarbeit, in der die „Mobilisierung aller räumlichen Mittel"[88] vorangetrieben wird. Sinn ist die „Apathie des Zuschauers"[89] zu durchbrechen, ihn zur „Teilnahme am Spielgeschehen zu zwingen".[90]
Die Funktion von **Licht** als raumgestaltendes Element wird programmatisch.

Die Sinnfälligkeit des konstruktivistischen Raums kann optimaler Lerngegenstand theaterpädagogischer Übungen sein. Bereits im Kistentheater[91] werden solche Formgebungen Teil der Raumerkenntnis. Hier sind Lichtfunktionen Einführungserkenntnisse in die semiotische

---

[85] Brauneck (1992): ebenda, S.227.
[86] ebenda, S. 227.
[87] ebenda, S. 228.
[88] ebenda, S. 229.
[89] ebenda, S. 227.
[90] ebenda, S. 228.
[91] vgl. dazu Otto, Enrico (1999): Konzeptionelle Bühnenpraxis in der Theaterpädagogik. Münster.

Struktur des Theaters als Lerngegenstand. Im Schultheatervorübungskonzept leisten Modellperspektiven im Kistentheater Hinweise auf die Gestaltbarkeit des Raums, auf die Helligkeitswerte im Spielgeschehen als Heraushebung potentieller Spielabläufe.

Robert Wilson zeigt eine deutliche Affinität zu den Konzepten der dreißiger und vierziger Jahre. „Mit den Ideen des Bauhauses kam Wilson während des Architekturstudiums in Berührung."[92] „Licht fungiert als zentrales Moment in Wilsons gesamter Arbeit. Wilson sagt, er arbeite z.Z. nicht im traditionellen Sinn mit Leinwand und Farbe, sondern er male mit Licht, und zwar im Theater".[93]

Was im nicht-professionellen Theater kaum gearbeitet wird, ist diese Funktion des Lichts als Strukturelement des Ablaufes sowie als Helligkeitsfaktor und als atmosphärisches Element, das „innere Welten" oder Stimmungen ausdrücken kann.

Licht schafft bekanntlich Räume, wenn es als strukturierbares Element in die Inszenierung eingearbeitet wird. Das würde bedeuten, dass man szenische Abläufe mit Lichtfunktionen durchsetzt und Lichtstimmungen in Szenenabläufe integriert. Raumgestalterisch ist Licht dann, wenn es Bühnenbildersatz durch Deutlichmachen geometrischer Formen im dunklen Gesamtbühnenraum wird. Der Lichtraum ist dann auch Aktionsraum. Die optische Abgrenzung im hellen Feld des dunklen Raums definiert den Spielraum durch en Helligkeitswert. Das ist zugegebener Maßen für das nicht-professionelle Theater mit besonderer Schwierigkeit und mit einer profunderen Kenntnis des Ausleuchtens verbunden. Es vertieft den Zuschauereindruck und vermittelt durch die Abstrakti-

---

[92] Wilson, Robert (1982): „Die goldenen Fenster", München, S.103.
[93] ebenda, S. 104.

onsleistung der Wahrnehmung einen dichteren „message"-Charakter, verfolgt aber andererseits den Trend zum **Reduktionsprinzip** als Form szenischer Mitteilung und erleichtert damit auch den schnellen Szenenwechsel.

Über Lichteinstellungen lassen sich optimale atmosphärische Bestandteile des Theaterstücks schaffen. **Lichtregie** ist in jeglicher Hinsicht ein modernes theatralisches Interpretationsmittel. Besonders bekannt geworden ist die Funktion der Lichtregie in der Erneuerung der Oper durch Wieland Wagner bei den Bayreuther Festspielen. Hier wurden ganze Bühnenbilder durch Lichtfunktionen ersetzt und die szenischen Abläufe durch unzählige Lichteinstellungen gestaltet.

Voraussetzung für den nicht-professionellen Theatereinsatz ist eine brauchbare Scheinwerfer-Batterie mit einem entsprechenden Schaltpult.

Wilson arbeitet insbesondere mit der Licht-Schatten-Funktion. Gefragt ist dabei der harte Kontrast zwischen Weiß und Schwarz. In Zeichnungen wird zunächst der Effekt gezeichnet: „Die Zeichnungen transformieren das Phänomen Licht aus seiner Räumlichkeit in die zeichnerische Ebene und lassen wiederum eine dreidimensionale Wahrnehmung zu. Das Licht bei Robert Wilson, als aktives Moment, erhellt nicht nur die Objekte, sondern wird darüber hinaus zum Täter in der Szene. In dieser Funktion reizt es Wilson immer wieder zum Experimentieren und zum Perfektionieren......als Malerei mit Licht."[94]

Bei Wilson **thematisiert** also Licht, vertieft den inhaltlichen Aspekt der Theater-Fabel, will experimentell mit Bühnenraum verfahren. Wilson malt mit Licht eine Bühnenperspektive, die ihresgleichen sucht. Synchrone Veränderungen, weiche Überblendungen oder harte Schnitte des Lichts erinnern an filmische Impressionen „einen

---

[94] Wilson (1982): ebenda, S. 105.

Raum schaffen, in dem die Phantasie spazieren gehen kann."[95]

Szene aus Jean Paul Satres „Geschlossene Gesellschaft" (Theaterlabor der WWU Münster)

---

[95] ebenda, S. 51.

VIII. Theateranthropologie

In einem Aufsatz über die Zusammenhänge darstellerischer Aktionen beschäftigt sich Eugenio Barba mit den Funktionsformen des Körpers wie sie sich speziell aus dem Gegensatz des orientalischen und des westlichen Theaters ergeben.
Barba geht es im Betrachten orientalischen Theaters und des orientalischen Schauspielers um die „ausdrucksvolle Qualität der Präsenz".[96]

Es schließt sich eine eingehende Untersuchung der Körper-Aktionsformen des orientalischen Schauspielers im Kabuki-Theater, im No-Theater und in der Peking-Oper an mit dem Ergebnis, dass alle diese orientalischen Darstellungsformen aufgrund einer andersgearteten Erforschung der körperlichen und damit bewegungsbedingten **Energiezentren** stattfinden. Ergebnis der Untersuchung ist, dass offensichtlich „kodifizierte Formen"[97] des Theatralischen einen nicht unerheblich anderen Zuschaueraspekt erreichen als im westlichen Theater.
Unabhängig von dem für das nicht-professionelle Theater zunächst unbrauchbaren Aspekt der Körper-Techniken im Zeigen und Gehen geht es hier um eine **Verdichtung,** ja um eine **Intensivierung** des theatralischen Kommunikationsvorgangs zwischen Darsteller und Zuschauer. Daraus lassen sich für dementsprechende Defizite des nicht-professionellen Theaters bestimmte Rückschlüsse ziehen.
Der für Barba als neue Entdeckung umschriebene Energiefluss bezieht sich in seinem Ausgangspunkt auf „men-

---

[96] Barba, Eugenio: Theateranthropologie: über orientalische und abendländische Schauspielkunst. In: Brauneck (1992): ebenda, S. 443.
[97] ebenda, S. 446.

tale Energie".[98] Weiter: „Es ist wichtig zu verstehen, dass das Wort Energie nicht einzig und allein einer Aktion und Bewegung durch den Raum entspricht. Energie ist eine Potentialdifferenz, die alle verschiedenen Ebenen unseres Organismus erreichen kann, von der einzelnen Zelle bis zum Organismus in seiner Gesamtheit".[99]

Hier wird nichts anderes als die Fähigkeit orientalischer Schauspieler beschrieben, sich intensiv auf die eigenen Darstellungselemente zu konzentrieren, so dass daraus eine intensivere Präsenz des Schauspiels entsteht.

Grotowskis Beschreibung allgemein zu entdeckender **Ideogramme,** die einem grundsätzlichen menschlichen Darsteller-Status in West und Ost entsprechen beweist die Tragweite des anthropologisch gefassten Theaters. Das hat, um es nochmals deutlich hervorzuheben, nichts mit erlernbaren und gestaltbaren Schauspiel-Techniken zu tun wie sie oft bei beiden Autoren beschrieben wurden, sondern viel weitreichender mit der **ganz eigenen** menschlichen Erfahrung im Umgang mit sich selbst als Darsteller. Eine Erfahrung, der alle unterliegen, die sich mit Darstellung in irgendeiner Form intensiv so beschäftigen, dass Bühnen-Präsenz individuell und spannend erscheint. Das kann auch als Hinweis auf Konzentrationsübungen des nicht-professionellen Theaters dienen, das relativ unreflektiert in die Proben- und Aufführungsarbeit geht.

Bei der Entwicklung des Typologie-Modells[100] zeigt sich, dass zum Aufbau nötiger innerer Energie zwecks Entdeckung des spielerischen Ichs **Konzentrationsübungen** nicht nur zum Testen der darstellerisch-typologischen Bandbreite, sondern auch zur dement-

---

[98] ebenda. S. 447.
[99] ebenda. S. 447.
[100] vgl. dazu Otto, Enrico (1993): ebenda.

sprechenden **Intensivierung** der typologischen Präsenz dienen.

Szene aus Hildegard Knefs „Der geschenkte Gaul" (Theaterlabor der WWU Münster)

IX. Das Lehrtheater

In der Brechtschen Theorie des Lehrtheaters wird die Vermittlung des Lehrtheaters nur durch eigenes Spielen und nicht durch bloßes Zuschauen ermöglicht. Die Aufklärung des sozialen gesellschaftlichen Gefüges, damit auch des Stellenwerts des Einzelnen in diesem Gefüge, wird nur über die Vielfältigkeit des eigenen, aber stets verfremdeten Spiels erreicht.
Die Forderung nach „freiem, natürlichem und eigenem Auftreten des Spielers"[101] ist sogleich die Forderung nach detaillierter Variabilität des spielerischen Individuums: „Im Lehrstück ist eine ungeheure Mannigfaltigkeit möglich."[102]

Drei Aspekte theaterpädagogischer Arbeitsform scheinen wichtig: **erstens** die produktive, eigene Spielsituation, also die Erfahrung mit theatralischen Produkten. Diese führen **zweitens** zur Entdeckung eigener Individualität und szenischer Bandbreite. **Drittens** gelangt man über das eigene Spielen zur Klärung des eigenen soziologischen Stellenwerts: „von der Wiedergabe asozialer Handlungen und Haltungen kann erzieherische Wirkung erwartet werden."[103]
Brecht stellt fest, dass im Gegensatz zum gängigen Theater hier Spielen die Natürlichkeit der Person und nicht die üblichen „ästhetischen Maßstäbe"[104] des möglichen Spielmechanismus gelten.

---

[101] Brecht, Berthold: Zur Theorie des Lehrstücks. In: Brauneck (1992): ebenda, S. 275.
[102] ebenda, S.276
[103] ebenda, S.276
[104] ebenda, S 276

X. Das dokumentarische Theater

Hier findet zunächst eine Erweiterung des Brechtschen Lehrstückcharakters im Sinne einer breiteren Bedeutung der **Realitäts- und Wirklichkeitsperspektive** des Inhalts statt.

Die dabei entstehenden Kriterien der stücktragenden Kritik sind vielfältiger Natur: Kritik an der Verschleierung in den Medien. Kritik an der Wirklichkeitsfälschung durch bewusste Veränderung historischen Geschehens. Kritik an der Lüge als bewusste Veränderung in der historischen Wahrheitsfindung.
Die Auseinandersetzung mit der Wirklichkeit findet über den Umweg der künstlerischen Realisierung statt. „Die Stärke des dokumentarischen Theaters liegt darin, dass es aus den Fragmenten der Wirklichkeit ein verwendbares Muster, ein Modell der aktuellen Vorgänge zusammenzustellen vermag."[105]
Die durch das Spielen entstehende **Beobachtungsfunktion** kritisch betrachteter Zusammenhänge führt zu parteiischem Denken aufgrund fundierter Reflexion.

---

[105] Brauneck (1992), S. 296.

XI. Schauspieler-Theater

Im frühen 20. Jahrhundert stand die Schauspieler-Persönlichkeit immer mehr im Vordergrund theaterpraktischer Argumentation. „Die Faszination der Schauspielerpersönlichkeit"[106] beherrscht die Inszenierung. Es geht um die Darstellung spezieller, sehr subjektiver tragischer wie komödiantischer Züge. Stanislawskis „physische Handlungen" stehen wieder im Mittelpunkt schauspielerischen Könnens: „Theaterästhetik wird aus den physischen und psychischen Basisprozessen des theatralischen Handelns entwickelt, stellt sich oftmals auch als Schauspieltheorie dar"[107].

Drei Aspekte scheinen auch für die theaterpädagogische Inszenierungsarbeit von Wichtigkeit zu sein. **Erstens** der Einsatz der **Körperlichkeit** als vollendete Form des Spiels, **zweitens** die Form **des Interpretationstheaters** literarischer Texte und drittens die fortschreitende Form einer **Schauspielpädagogik,** am Schauspieler durch den Regisseur angewendet.

Alle drei Aspekte haben theaterpädagogische Geltung, denn auch im theaterpädagogischen Projekt sollte der Mensch als Darsteller, als subjektivierte Persönlichkeit, als komödiantischer Typus im Mittelpunkt stehen. Dadurch wird sein spezieller Bezug zu einer medialen Eigenvermittlung gestärkt und zum Hauptlernziel gemacht. Speziell für das Schultheater der Oberstufe gilt weiterhin die Interpretationskategorie des Literaturtheaters. Theaterpädagogische Lernbereiche beziehen sich dabei im Wesentlichen auf das Erlernen des semiotischen Apparates als Nachrichten-Vermittlungskanal, als Botschafts-

---

[106] Brauneck (1992): ebenda, S.374.
[107] ebenda, S. 374.

vermittlung der eigenen Spielgruppe. Am Apparat und seinen verschiedensten Möglichkeiten lernen ist einer Forderung, die theaterpädagogisch auch anhand der Entwicklung der Individualität des Subjekts möglich und sinnvoll ist, denn das spielende Subjekt muss die Vielfalt seiner darstellerischen Bandbreite anhand der Koordination vielfältiger semiotischer Faktoren entfalten. Die Lernschritte sind also Systemschritte psycho-physischen Erfassens der semiotischen Wirkung und ihrer Funktionen im szenisch-theatralischen Ablauf anhand typologisch orientierten Spiels.

Hier kommt das „Typologiemodell"[108] zur Geltung, das die semiotisch orientierte Subjektivität des Spiels zu einem Hauptlernziel theaterpädagogischer Lernbereiche macht.

Während das Schauspieler-Theater sich auf die „Rollenangebote der dramatischen Literatur"[109] einlässt und somit der Schauspieler die Rolle prägt, verfährt das Typologiemodell umgekehrt, es sucht in der Literatur nach Rollen, die der Individualität des Darstellers weitgehend entsprechen und damit dem typologisch orientierten Spiel eine fundierte eigene Basis schaffen, die weniger mit Schauspiel-Technik als vielmehr mit natürlicher Verhaltensweise auf der Bühne analog zum Leben zu tun hat.

In beiden Fällen wird also Körper- und Verhaltenskultur zur Theaterkultur. Darüber hinaus gibt es in dieser Theatertheorie für die Theaterpädagogik Platz für die Ausarbeitung des Ensembles einerseits und für die darstellerische Gruppe andererseits. Ensemblebildung einerseits und Gruppenportrait andererseits bilden theatralische Arbeitsschwerpunkte.

---

[108] vgl. dazu Otto, Enrico (1993): ebenda.
[109] Brauneck (1992): ebenda, S. 374.

Ein weiterer zentraler Arbeitsaspekt des Schauspieler-Theaters wie er z.B. bei Max Reinhardt ausprobiert wurde , ist die von der Enge des Guckkastentheaters befreite Schauspielerkapazität. Dem liegt die Theorie zugrunde, dass die Bandbreite schauspielerischen Arbeitens nur dann wirklich möglich und interessant wird, wenn der Schauspieler einen entsprechenden Raum als Darstellungsraum zugrundelegt.

So probierte Reinhardt die Arenaform des Theaters aus. Diese Form ermöglichte es dem Schauspieler enger mit dem Zuschauer zu arbeiten, den Zuschauer vielleicht emotional miteinzubeziehen: „Das theatralische ... Spektakel trieb die Theatersuggestion so weit, dass für den Zuschauer eine Situation entstand, in der er sich emotional restlos gefangen sah."[110]

Der hier definierte Ansatz in Max Reinhardts Inszenierungen verweist auf die Ausprobiermöglichkeit alternativer Spielräume, die die Chance einräumen einerseits die Typologie des Schauspielers stärker oder optimal zur Geltung zu bringen und andererseits diese Geltung einem Zuschauer in optimaler Emotionalität zu vermitteln. So gehen Schaffens- und Vermittlungsprozess Hand in Hand.

Genauso ergeben sich für die theaterpädagogische Inszenierungsarbeit ähnliche Vermittlungsstrukturen der darstellerischen Typologie. Typus und Raum spielen Hand in Hand und vermitteln auf diese Weise spezifische Stimmungen, die beim Zuschauer Emotionen auslösen sollten. Das hat etwas mit theatralischer **Sensation** zu tun, die nicht reißerisch, sondern diffizil Stimmungen schafft und entsprechende Emotionen im Zuschauer anspricht. Der **Show-Effekt** ist dabei zentrale Kategorie. Über den rein visuellen Aspekt hinaus, der damit aber sehr vordergründig ist, geht es um die Erarbeitung der

---

[110] Brauneck (1992): ebenda. S. 379.

damit verbundenen inneren Empfindungen. Diese sind im professionellen Spiel von Schauspiel-Techniken getragen, in der nicht-professionellen Inszenierung dagegen von natürlichen Empfindungen.
Hier wird also der an sich schon gegebene Stimmungs- und Atmosphäre-Faktor des alternativen Raums dem Spiel zugrunde gelegt und damit zunutze gemacht.
In Vorübungsphasen wird der alternative Raum wie z. B. die Tiefgarage, der Kirchenraum, das Autohaus, die Fabrikhalle, die Garage etc. ausprobiert und Spiel in der Entwicklungsprozedur der Spieler-Persönlichkeit Stück für Stück entwickelt. Der Begriff der **Produktion** theatralischer Abläufe tritt in den Vordergrund. Ist beim Schauspieler-Theater und speziell bei Reinhardt das Ensemble als „Produktionskollektiv"[111] gekennzeichnet, so ist im theaterpädagogischen Probenprozess das Spielkollektiv als psycho-physische Individualproduktion im Sinne W. Pielows[112] gekennzeichnet. Hier prägt das Produktionskollektiv durch die Eigenart eigener Verhaltensweise das Spiel als unverwechselbares und damit ganz individuelles Geschehen.
Auch hier wird **die Prägnanz** individuellen Spiels in ihrer Bedeutung sichtbar.

---

[111] Brauneck (1992): ebenda, S. 385
[112] vgl. dazu Pielow, Winfried (1976): ebenda, S. 86.

XII. Die theatralische Textur

Die traditionelle Form des Text-Theaters im literarischen Stück setzt - je nach Textgenre - komplizierte bis undurchschaubare Interpretationskriterien voraus. Voraussetzung ist, dass die Textdimension eine kongruente Theaterdimension umfasst, dass also Inszenierung eine weitgehend dem Text entsprechende ‚theatralische Umsetzung bedeutete.

Zunächst betroffen war in der Moderne die Diskussion um den aktualisierbaren klassischen Text. Diskussionsgrundlage war die oft weitreichende Kluft zwischen Text und inszenierter Wirklichkeit. Wenigen Inszenatoren gelang die überzeugende Kraft der aktuellen Deutung, die die unglaubliche Tragweite eines klassischen Textes über die Jahrhunderte hinweg deutlich machte. Offensichtlich hing das mit dem Grundverhältnis von zuschauerbezogener Hör- und Sehsituation zusammen. Das würde bedeuten, dass die Weiterentwicklung des modernen Inszenierens von der Hör- zur totalen Sehfunktion auf Gehör getrimmter Texte zum Sehverhalten umfunktioniert wird sowie zu Problemen in der Wahrnehmung des aktuellen Zuschauers führt.

Die Schwierigkeit beim Hörverständnis kompakter Sprache eines anderen Jahrhunderts scheint, dem modernen Sehverhalten angepasst, trotzdem immer noch Verständnisprobleme nach sich zu ziehen. Hierbei eine sinnvolle Balance zu halten entspricht einer Gradwanderung zwischen Textzerstörung oder Bildprägnanz.

Dieses Phänomen ist vom 17. Jahrhundert bis heute nach wie vor erhalten und stellt Inszenatoren von Texten bis zum 20. Jahrhundert vor oft unlösbare Probleme.

Aktuelles Theater als postdramatisches Theater konzipiert, hat diesen Totalanspruch: „im nicht mehr dramatischen Theatertext der Gegenwart (Poschmann) schwinden die Prinzipien von `Narration und Figuration` als Ordnung einer Fabel. Es kommt zu einer `Verselbständigung` der Sprache ... es entstehen „Texte, in denen Sprache nicht als Figurenanrede ,soweit es definierbare Figuren noch gibt, sondern als autonome Theatralik in Erscheinung tritt."

Es entsteht ein neues Verhältnis zwischen Bühne und Zuschauer: „die Theateraufführung lässt aus dem Verhalten auf der Bühne und im Zuschauerraum einen **gemeinsamen** Text entstehen, selbst wenn gesprochene Rede gar nicht vorkommt."[113]

Theatertext und Inszenierung werden in einer gemeinsamen TEXTUR zusammengefasst, die auffüllbar und offen bleiben kann, soweit Wechselwirkungen in verschiedenen Graden nachweisbar sind: „wie sich virtuell die Blicke aller Beteiligten treffen können, so bildet **die Theatersituation** eine Ganzheit aus evidenten und verborgenen kommunikativen Prozessen."[114]

Theatertext ist nicht gewichtiges Einzelelement mehr, sondern Teil eines **totalen theatralischen Aspektes**, wobei der Text „den gleichen Gesetzen und Verwerfungen wie die visuellen, auditiven, gestischen usw. Zeichen des Theaters"[115] unterliegen.

Die Prägnanz postdramatischen Theaters resultiert aus dem Phänomen des Theaters als **fortwährendem Prozes**. Das bedeutet, dass theatralische Mitteilungen ständig offen für Veränderungen sind oder dass ein Theaterkonzept nie ganz in sich abgeschlossen erscheint, wenn man seine theatralische Struktur verfolgt. In-Szene-

---

[113] ebenda, S. 12.
[114] ebenda, S. 13.
[115] ebenda

Setzen würde somit als prozessualer sowie als erneuerbarer medialer Vorgang zu erkennen sein, der vielen theatralischen Eindrücken unterliegt. Aktion, Reaktion, Licht, Ton, Stimmungen, Atmosphäre, Reflexionen des Zuschauers, aber auch dessen passiver oder aktiver Einbezug in das theatralische Konzept werden durch „Sprachfelder"[116] ergänzt.

Eine solche Konzeption ist für das Schultheater, aber auch für nichtschulische Theaterpädagogik von großer Bedeutung. Zunächst gilt die Aufmerksamkeit der Totalität des visuellen Geschehens, was Pantomime, Gestik, Mimik oder Körpertheater betrifft. Darüber hinaus geschieht alles im Rahmen einer **offenen Struktur.** Proben oder Workshops definieren Theaterarbeit eher als **Bildertheater.** Sprache ist für den frühen Interessenten stets ein schwieriges Geschäft, zäh in der Begreifbarkeit, schwierig in der Deutung. Im Medienzeitalter als visueller Rezipient an Bilderabläufe gewöhnt, kommt ihm die Körpersprache sehr entgegen. Hierbei als Typus entdeckbar und gefördert, realisiert er sein Spiel in seiner Gruppe als sozio-psychisches Geschehen, als Bildzusammenhang seiner Wirklichkeit. Die Kooperation mit Musik, Tanz und Raumcharakteristik führt ihn zur Verwirklichungsform expressiver Aktionsbilder.

Der fortwährende Prozess ist für die theaterpädagogische Arbeit insofern wichtig, als der Interessent die entstehende Inszenierung als kreativen Vorgang erkennt. Sein eigener Umgang mit den semiotischen Abläufen ist korrigierbar. Die Produktion des Theaterstücks gerät in die Form der **szenischen Partitur** als ergänzbare Vorlage. Einem Drehbuch des Films ähnlich, unterliegen szenischen Abläufe einer ständigen Veränderung, die sich

---

[116] Lehmann (1999): ebenda, S.12

aus verschiedenen Gründen ergeben, oft auch aus Umbesetzungen, Regieeinfällen und Detailspezifizierungen. Die szenische Partitur ist somit ein offenes Buch, das den Produktionsvorgang Stück für Stück ergänzt, umändert, erweitert, spezifiziert. Der entsprechend beteiligte Interessent unterliegt einem immerwährenden Lernvorgang, der ihm tiefgreifende Einsichten in die Entstehung der Theatralik bietet.

Der Interessent ist damit Teil des produktorientierten Unterrichts und kann seinen Stellenwert ständig reflektieren. Er lernt den Umgang mit den ihn selbst betreffenden Wirkungen medialer Arbeit sowie das Feedback, das durch den Zuschauer entsteht. Das Zwei-Wege-Kommunikations-System kann dann zur Korrektur zwecks möglicher oder gewünschter Veränderung führen. Aufführungen verbleiben damit nicht in der unveränderten geprobten Form, sondern können völlig unterschiedlich werden, wenn die Korrektur es erforderlich macht.

Im Unterschied zur professionellen Arbeit kann die nichtprofessionelle Gruppe *nach* den Aufführungen über die Produktionsergebnisse diskutieren, Alternativen überlegen neue Produktionen aufgrund der Erfahrung besprechen.

Die szenische Partitur erlaubt es der Gruppe, auch virtuelle Möglichkeiten einer Inszenierung auszuprobieren. Der fortwährende Produktionsprozess kann, nachdem man Erfahrungen gemacht hat, auch virtuell verändert und ergänzt werden und somit kann eine virtuelle Inszenierung als Erfahrungstest durchgecheckt werden.

XIII. Das kinematographische Theater

Dieser von Hans-Thies Lehmann zitierter Begriff zur Konnotation von Medien im Theater betont die beiden Aspekte „Subjektivität" und „Technologie"[117] sowie deren Untrennbarkeit. Lehmann spricht von der „Ästhetik der Verschaltung".[118] Die Mischung von Tönen, Bildern, Lichtnetzen, Körpergliedern, Sound, Videobild, Monitoren, Kameras etc. führt zu neuen Textkonzepten. Texte werden je nach SEHERFAHRUNG konzipiert und mit Video-Installationen kombiniert. Dabei ist es unerheblich, ob der Seheindruck durch filmisch-kinetische Bilder oder durch Video-Bilder beeinflusst wird und Texte zu einer entsprechenden TEXTUR verwoben werden, die drehbuchähnlich im Sinne der szenischen Partitur ergänzungsfähig oder gar korrigierbar ist.
Theatralisch kann man sich auch eine Mischung aus Medienbildern und Textablauf vorstellen, wobei beide sich zu einem ganzen Organismus zusammengestellt, ergänzend verhalten, ohne Prioritäten zu setzen. Diese multifunktionale Produktion, die immer noch recht selten im Theateralltag ist, setzt einerseits eine gewisse Produktionserfahrung beider Medienbereiche voraus, andererseits schafft sie neue Rezeptionsmöglichkeiten durch den Zuschauer. Man kann von einer verdichteten Aufnahmekapazität sprechen.
Professionelle Projekte laufen wiederholt im Grenzbereich zwischen Theater und bildender Kunst ab.

Solche Projekte eignen sich für theaterpädagogische Projekte, speziell für das Schultheater, besonders deshalb , weil im schulischen Bereich beide Produktions-

---

[117] Lehmann (1999): ebenda. S. 431.
[118] ebenda, S. 431

ebenen probiert werden können. Erstens besteht für solche wechselseitigen Bezüge ein größeres Interesse und zweitens sind Kinder und Jugendliche, letztere besonders, von speziellen Seheindrücken (z.b. durch Video-Clips) geprägt. Man kann sogar von der These ausgehen, dass Jugendliche z.b. eher über vermischte Seheindrücke an theatralische Produktionen herangebracht werden können als ein gängiger erwachsener Theaterzuschauer, welcher nur bestimmte Fernsehgewohnheiten hat, die nicht auf konstruktivistischen oder experimentellen Bildaufnahmeverfahren beruhen.

Auf diese Weise lassen sich sogar über den Umweg medien-bezogener Video- oder Filmarbeit theatralische Vorgänge erfassen, produzieren und reflektieren. Dem Interessenten wird dabei deutlich, wo die Unterschiede in der Produktion und Rezeption entsprechender Projekte liegen. Dabei sind Raum-, Zeit- und Wirklichkeitsebenen bei beiden Produktionsbereichen zu beachten. Diese drei Perspektiven, die bei der elektronischen Bildherstellung als Konserve in die laufende Theaterhandlung eingebracht werden, verfügen über die Möglichkeit, eine ganz andere Raum-Zeit-Perspektive oder gar eine andere Wirklichkeit in die aktuell ablaufende Theaterstückwirklichkeit einzubeziehen.

Dabei entstehen zwei unterschiedliche Modellarbeiten reproduktiver künstlerischer Natur, die sich ergänzen oder gegenseitig im Ausdruck, in der Medienbotschaft verstärken können.

Eine sinnvolle vereinfachende Ergänzungsfunktion kann durch einfaches Einblenden von Dias in die theatralische Handlung bewirkt werden. Hierbei entsteht ein technisch einfacherer Bildbezug, der z.B. im Dia dokumentarische Wirklichkeit der Theaterhandlung deutlich macht oder dramaturgische Übergangsfunktionen wahrnimmt. Bekannt ist auch, dass Projektionen - gleich welcher Art -

Bühnenbildfunktion erhalte oder im Zusammenhang mit Lichtregie theatralische Abläufe kennzeichnen können. Die Plastizität des aktuellen Theater-Körpers und durch elektronische Bilder entrückte Körper-Bilder, fügen sich zu einer eigenen virtuellen Welt einerseits und zu einer totalen Wirklichkeitsvermittlung andererseits zusammen. Was nah ist, kann dem Zuschauer im elektronischen Bild entrückt oder andererseits durch die Nähe körperlicher Dreidimensionalität des Hier und Jetzt unmittelbar gegenwärtig sein.

Das Bewegungstheater ist das geeignete Mittel zum Einstieg in solche polyphone Darstellungsbereiche. Die Großprojektion zur jeweiligen Bewegungsstruktur intensiviert eine theatralische Mitteilung, die möglicherweise nur durch kurze Wort-Ton-Zusammenhänge vermittelt wird. Stehende oder sich bewegende Projektionen können entweder dem Körper-Aktions-Fluss angepasst werden oder umgekehrt oder aber die entstehenden koordinativen Momente führen als in sich geschlossene Bildeinheit zu einer massiven Aussage. Musik kann unterstützend oder auch interpretierend wirken. Die Wechselbeziehung zwischen Projektion, Bewegung und Musik bzw. Rhythmus kann linear oder nichtlinear ablaufen. Synchronität oder Asynchronität der Mittel geben eine entsprechende Botschaft wieder und zwar je nach Schwerpunkt angewandter theatralischer Mittel.

Im Bewegungstheater, das nicht mit Ballettfunktionen verwechselt werden darf, definieren sich die Darsteller als Körper-Funktionseinheiten, die durch die ganz persönliche Verhaltensweise detaillierte und unverwechselbare Bewegungsstrukturen entwickeln. Die daraus resultierende Gruppenarbeit ist aus den eigenen Bewegungsüberlegungen heraus choreographierbar. Die daraus entstehenden Abläufe ergeben sich eben nicht als von außen herangetragen, sondern als Ausdruck eigener Aktionsmotivation, die im wesentlichen bei der jeweiligen Bewegungsübung aus der natürlichen Beschaffenheit der Körperkonstitution entwickelt wird.

Wie im professionellen Bewegungskonzept, das allerdings einem künstlerischen Zusammenhang unterworfen ist, empfiehlt sich ein **Leitmotiv**, das als Klammer den Gesamtzusammenhang umfasst und die Produktion als organische Einheit erscheinen lässt. Dabei sind lose Szenenzusammenhänge mit einem jeweiligen Motivschwerpunkt machbar.

Entscheidend ist der theaterpädagogische Aspekt der Gruppenidentität oder des Gruppenportraits, weil hierbei auch der entscheidende Aspekt der eigenen theatralischen Machbarkeit im Vordergrund steht, welche einzig und allein aus der ganz typologisch formbaren Arbeitsperspektive der theaterpädagogisch Interessierten bestimmt wird.

Körperaktion wie sie theatergeschichtlich in der Meyerholdschen BIOMECHANIK entwickelt wurde, gerät hier nicht in den Bereich der Systematik festgelegter Bewegungsabläufe, sondern ist Ausdruck eigener Körperbeherrschung und eigener Körperausdrucksbreite. Geübt wird, was Körperbotschaften sein können oder sollen und vor allen Dingen, welche Wirkung sie auf einen Zuschauer im Vergleich zum reinen Worttheater haben. Erfahrungsgemäß wird im nicht-professionellen Theater Körper- und Bewegungsfunktion kaum oder gar nicht reflektiert. Das liegt daran, dass Laientheater traditionsgemäß Worttheater ist und bleibt, speziell im Oberstufen-Schultheater.

Im nicht-professionellen Theater weniger bekannt ist auch die reine **Funktion des Bewegungstheaters** als theatralische Form des Nonverbalen. Während Pantomime wiederholt Gegenstand theatralischer Abläufe sein kann, ist Bewegungstheater nahezu unbekannt. Gerade hier aber zeigt sich, dass der Darsteller zunächst die Fähigkeit entwickeln muss, seinen Körper als Mitteilungsmittel oder als mediale Botschaft einzusetzen, um **nicht blockierte** Darstellungsformen des Worttheaters zeigen zu müssen, wie es sehr häufig der Fall ist. Darüber hinaus hat auch die Erkundung nonverbaler Vorgänge Vorrang, denn Körper und Körperbewegungsstruktur sind für den Zuschauer ein unübersehbarer Aktionszusammenhang. Ein Darsteller hat also auch seine körperbedingte Visualität zu üben, weil das eine theatralische Grundlage des „homo ludens" ist.

Lange vor einem Theaterprojekt sollte in verschiedenen **Vorübungsphasen**[119] Bewegung als individuelles Darstellungsphänomen erforscht und geprobt werden. Dazu werden in dem zitierten Buch entsprechende, vorbereitende Übungen angeboten. Diese Übungen dienen letztlich als Einstieg in ein durchdachtes und wirksames Darstellungssystem, das für den Zuschauer in einer speziellen gezielten Wirkung als Gruppen-Portrait-Wirkung erkennbar sein sollte.

Bewegungstheater kann zu einer notwendigen Hilfe für richtig interpretierte und dementsprechend richtig verstandene Visualität werden. Die oft kritisierte Oberflächlichkeit der wahrnehmbaren Bilderfolge resultiert ja aus der Unzulänglichkeit ihrer Reflexionsmöglichkeit, sei es im schulischen oder außerschulischen theaterpädagogischen Bereich. Die Forderung nach konzeptioneller, reflektierbarer Visualität ist bereits Gegenstand früher

---

[119] vgl. Otto, Enrico (2005): Theaterpädagogische Einstiegsübungen in theaterpägogische Projekte, Münster.

Lernvorgänge, wie sie zum Beispiel durch das Erarbeiten des Kistentheaters in der Grundschule möglich wird. Offensichtlich sind Raum-Körper-Bewegungs-Bezüge im nicht-professionellen Theater ein Dauerproblem. Mangelnde Ausbildung der Spielleiter vertieft das Problem, zumal auch theaterpädagogische Ausbildungsstätten sehr oft solche Theaterzeichen-Konnotationen außer acht lassen.

Die Konzeptionen bestimmter Raumkonzepte resultieren aus dem angelegten Stell-Bewegungs-Apparat. Das bedeutet eben nicht, dass Theaterspiel immer nur einen Guckasten hat und szenische Visualität sich darauf beschränken muss. Auch das scheint wenig bekannt zu sein. Die Öffnung des Guckkastens verspricht eine intensivere Wahrnehmungsmöglichkeit durch den Zuschauer, erfordert aber andererseits eine ganz andere Inszenierungstechnik. Auch der Hinweis, Theaterspiel könne an alternativen Orten geschehen, beinhaltet die These, dass Theater eigentlich überall machbar ist, wenn man die geeignete örtliche Atmosphäre des Schauplatzes nutzt und die architektonische Begebenheit ins Spiel integriert, z.B. als realen Bühnenort mit möglichem, architektonisch integrativem Bühnenbild.

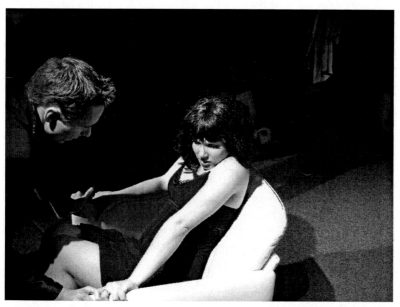

Szene aus Harold Pinters „Der Liebhaber" (Theaterlabor der WWU Münster)

XIV. Das Pantomimentheater

Tomaszewskis Pantomimentheater als Ergebnis einer langen Theatererfahrung in Polen während des zweiten Weltkriegs, erlaubt spezielle Studien zur Aufgabe der **Bewegung** im Theaterablauf.
„Die Bewegung", sagt Tomaszewski, „ist eine Affirmation des Lebens. Ich halte sie für Leben, sie ist also auch die Wiederspiegelung meines Lebens. Sie erweitert meine eigene Existenz, verallgemeinert sie, verteilt sie und fasst sie zugleich zusammen. Deswegen messe ich der Bewegung so große Bedeutung bei und deswegen bin ich bestrebt, mein Theater auf Bewegung aufzubauen."[120]
Dies geschieht bei Tomaszewski nicht als Einzelperson in der Darstellung, sondern als **Kollektiv.** Wichtig ist die gemeinsame Arbeit als Grundlage der Ensemblebildung.
„Die vielen verschiedenartigen Individualitäten sind geschickt in die Strömung der Ensemblearbeit einbezogen, und der gemeinsamen Kreation des Werkes untergeordnet."[121] Hier wird das Prinzip der Bewegung als kollektives Gestaltungsmittel benutzt: „Tomaszewski hat seine Kunst bewusst als eine kollektive Erscheinung gestaltet."[122] Bewegung gilt auch als theatralisches Strukturelement des Spiels. Tomaszewski legt großen Wert auf den Begriff der „Identifizierung".[123] Dabei geht es um die Klärung des Zusammenhangs zwischen Persönlichkeit des Darstellers und Spielvorgang, von ihm „Gegenstand"[124] genannt. Identifizierung bedeutet „Gleichsetzung des Mimen mit dem Gegenstand, seinen

---

[120] Tomaszewskis Pantomimentheater, Verlag Interpress 1968, S. 1.
[121] ebenda, S. 6.
[122] ebenda, S. 6.
[123] ebenda, S. 49.
[124] Tomaszewski, ebenda, S. 46.

Eigenschaften und Merkmalen."[125] Es geht letztlich um die **Subjektivierung** eines szenischen Ablaufes, welcher auch von „Situation, Haltung und Konflikt"[126] bestimmt werden kann. Wichtig ist hier die Darstellung einer **Komplexität** der Gefühlswelt mit den damit verbundenen Eigenschaften, die zum szenisch-theatralischen Arbeitsgegenstand wird. Darstellung wird zur „dynamischen Skulptur"[127] als organisches Konzept und Ergebnis aller körperlichen Bewegungsabläufe des Ensembles.

Drei Vorgänge sind zusammenfassend von Bedeutung : erstens die Konzentrationsfähigkeit als Voraussetzung für die Gruppenleistung. Zweitens die Identifikation der Gruppe mit dem Spielmotiv und drittens die Erkenntnis des Vorgestellten als organische Einheit.

Die gleichen Kriterien können auch Gegenstand der inneren Strukturformung einer nicht-professionellen Spielgruppe sein. Die Grundlage Bewegung wird zum Strukturfaktor der Gruppe und zwar sowohl in ihrem konzeptionellen Eigenverständnis als auch in ihrer Spielqualität, welche schließlich in eine gewisse Darstellungsbandbreite mündet.
Die Botschaft, die Spielablauf vermitteln soll, resultiert aus der Identifikation der Gruppe mit sich selbst und dem Spielvorgang. Musik und Rhythmus unterstützen den Vorgang.

---

[125] ebenda, S.46.
[126] ebenda, S.46.
[127] ebenda, S.46.

XV. Experimentierfeld Figurentheater

Der zentrale Aspekt des **Puppenspiels** im Figurentheater lehnt sich eng an die „Erzählstruktur des Schauspiels"[128] an. Damit wird es zunächst vom Jahrmarktspektakel des fortschreitenden Mittelalters und des Barock auch im Sinne des Kleistschen Aufsatzes zum Marionettentheater unterschieden: „als **kleine** Form des **großen** Schauspiels bezog sich das Marionettentheater auch auf die literarisch-dramatischen Vorlagen, wobei diese sich meist ins Parodistisch-Komische gewandelt haben.."[129]

Die Theatergeschichte zeigt, dass sich für das Marionettentheater, wie es oben definiert wurde, eine ganze Reihe von Künstler interessierten: Maler, Schriftsteller, Bildhauer etc. Deren Interesse lag in „den grenzüberschreitenden Möglichkeiten und Bedingungen"[130] denn „in keiner anderen Kunstform gehen Raum, Licht, Bewegung, Musik und Sprache eine derart enge Synthese ein."[131]

Gedacht war an die Theorie und Praxis des künstlerischen Gesamtkunstwerkes. So wurde denn gemeinsam ausgelotet, inwiefern sich eine gewisse Bandbreite an Ausdrucksmöglichkeiten anbietet.

Diese Darstellungskomplexität dient auch einem theaterpädagogischen Projekt. Im „Kistentheater" als dem Wegbereiter zum Verständnis theaterpädagogischer Funktionsweisen, speziell in der Grundschule, zeichnet

---

[128] Schmidt, Andrea (2002): Zwischen Tradition und Experiment. Anmerkungen zu Puppenspiel und Avantgarde. Bochum, S. 38.
[129] ebenda, S. 10.
[130] ebenda, S. 18.
[131] ebenda, S. 18.

sich im Puppenspiel in der Kiste eine Überblicksmöglichkeit über Raumkonzept, Bühnenbildgestaltung, Marionettenbewegung ab. Die Erweiterung des Kistentheaters zum Bauchladentheater und zum silhouettenhaften Schattentheater dient zur Vergegenständlichung und Vergegenwärtigung medialer Möglichkeiten für Einsteiger.
Der Vorteil des Figurentheaters ist die Möglichkeit des Abstands des potentiellen theatralischen Handwerkers zur medialen Materie. Dadurch entsteht ein Überblick über die Varianten szenischen Handelns. Der wichtigste erzielbare Aspekt ist aber die Erkenntnis, dass der Mensch als Darsteller eine dem Figurentheater gegenüber erheblich erweiterte Darstellungsmöglichkeit hat.

Theatralische Funktionsweisen sind leichter über die Distanz des Produzenten zum Produkt zu erhalten und garantieren dadurch Überblicke über die theatralische Gesamtmaterie. In einem zweiten Schritt vollziehen dann die Interessenten die gewonnen Erkenntnisse an sich selbst sowie an ihrer entsprechenden Spielgruppe.
Die Verfügbarkeit theatralischer Kenntnisse macht einen tieferen Einblick in die inszenatorische Materie möglich und erlaubt im freien Umgang mit ihr eine größere Variabilität des Spielablaufs.
Im Bereich des Schultheaters empfiehlt sich ein Aufbauprogramm in den Schulstufen zwecks Verfeinerung des theatralisch-handwerklichen Programms.

Auch parallele diesbezügliche Arbeitsformen dienen der Bereicherung der inszenatorischen Kenntnisse. Im Kistentheater lassen sich Modelle der Inszenierung übersichtlich planen und einrichten, Vergleiche zwischen Modell und Realität der Inszenierung anstellen sowie modellhafte Erweiterungen in der Realität bestehender

Inszenierung einplanen, prüfen, überdenken, korrigieren. Erkennbar wird dadurch ein äußerst theaterdidaktisches Konzept, das Lernvorgänge diffizil erkennen lässt.

Über eine Fernsehkamera, die in die Kiste gerichtet wird, können virtuelle Inszenierungen mit Marionetten und im Off gesprochenen Text eingerichtet werden und zwar lange bevor Proben zu einem geplanten Projekt angesetzt sind.
Auf diese Weise lässt sich die Machbarkeit solcher Inszenierungspläne prüfen, bevor die Planung in Gang gesetzt wird.

Darüber hinaus lassen sich theaterstilistische Möglichkeiten prüfen und Genrearbeiten leisten wie z.B. die Einrichtung eines Musiktheaterkonzepts. Musik und Gesang können im Playback-Verfahren den musikalischen Eindruck ergänzen, erweitern, vertiefen.
Grundtheatralische Mittel sind damit erreichbare Lernzielperspektiven, die dem Interessenten eine handwerkliche Klaviatur in die Hand geben, über die er jederzeit verfügen kann. Vertiefungen und Erweiterungen sind jederzeit möglich und insbesondere im Schultheater als theatralisches Aufbauprogramm einrichtbar.
Von gleichen Voraussetzungen kann man bei der theaterpädagogischen Ausbildung ausgehen.

XVI. Musiktheaterformen

Das traditionelle Musiktheater kann höchstens im Bereich der nicht-professionellen Musicalarbeit methodisches Vorbild sein. Dabei lassen sich Schwierigkeitsgrade je nach Möglichkeit der Musiktheatergruppe abschätzen und einrichten. Beliebt ist das Musical als Genreform. Erfahrungsgemäß wird auf diesem Gebiet viel inszeniert und mit Engagement gespielt.

Über diese musikalische Aktivität hinaus wird es z.b. im Bereich des klassischen Musiktheaters wie z.b. der Oper schwierig und zwar sowohl in Bezug auf die szenische Einrichtung als auch auf die Gesangspositionen.

Aus diesem Grunde scheint die Oper als Aufführungsform kaum vom nicht-professionellen Theater angenommen zu werden.
Neuere Musiktheaterformen allerdings eignen sich eher für wenig geübte Musiktheaterinteressierte. Die Rede ist vom improvisatorischen Musiktheater, das mehrere moderne Strömungen umfasst: „Der Begriff Musiktheater ist in den letzten Jahren zunehmend vieldeutig geworden. Er subsumiert heute Phänomene verschiedener Epochen, getrennter Ebenen und entgegengesetzter Bewusstseinslagen. Er reicht von Mozarts totaler Verwandlung eines Librettos in musikalische Aktion über Para- und Anti-Formen der Oper als komponierte Schauspiele, als musikalisierte Tragödien und Komödien auf den Bühnen der Opernhäuser bis zu progressiven Strukturen, die sich als radikale Absage an Text, Sinn, Handlung, Kausalität, Sprache, ja Musik selbst generieren, mit dem Ziel, alle erdenklichen Merkmale semantischer und grammatischer Natur nebst ihren physikalischen Phänomenen in einem neuen Musiktheater

zu organisieren."[132]

Zwei Aspekte scheinen für die Vorbildfunktion für das nicht-professionelle Theater von Bedeutung zu sein:

1) das Phänomen, dass für das Musiktheater „als Prämisse für die musikdramatische Konzeption gefordert wird, das Hier und Jetzt der gesellschaftlichen Prozesse zu reflektieren."[133]
2) der experimentelle Charakter, der stets eine offene szenische wie musikalische Partitur voraussetzt, die nach und nach auffüllbar oder gar korrigierbar ist.

Musik in Aktion (action) kann als Stichwort gelten und meint z.B. die Komponisten John Cage, Mauricio Kagel, Franco Evangelisti oder Karlheinz Stockhausen und Gyorgy Ligeti mit ihren Musiktheaterformen, die „keine Werke mit Reproduktionsanspruch"[134] darstellen, sondern in der fließenden „Produktion des Materials und in der Aktion der Interpreten."[135] begründet liegen.

Musikalische Collagen, Happenings lassen individuelle Inszenierungsbreite zu. Kompositionen lassen sich am PC nachvollziehen, Szenische Konzepte am PC entwickeln, ausarbeiten, ergänzen.

Seitens des Spielleiters setzt das natürlich eine intensive musikalische Kenntnis voraus sowie den brauchbaren Umgang mit musikalisch-experimentellen Formen.

---

[132] Werner Thomas (1972): Struktur und Ortsbestimmung einer Neuform improvisatorischen Musiktheaters. In: Roscher, Wolfgang: Ästhetische Erziehung, Improvisation, Musiktheater. Hannover, S. 37.
[133] ebenda, S. 37
[134] ebenda, S. 38
[135] ebenda, S. 38

„Musik leistet hier einen totalen Integrationsprozess. Sie induziert, synchronisiert und proportionalisiert die Aktion, sie ist gleichsam der geometrische Ort aller szenischen Parameter"[136]

Der eigentliche Wert solcher konzeptionellen Musiktheaterformen liegt in einer „überraschenden Konsequenz"[137]: „Nicht nur die funktionellen Grenzen des Darstellertypus - Mime, Schauspieler, Sprecher, Sänger, Tänzer - heben sich in einer szenischen Totale auf; auch der oft verhängnisvolle und frustrierende Unterschied zwischen Berufsdarsteller und Amateur sind irrelevant."[138]

Die Reduktion des Bühnenraumes im Sinne einer Entgrenzung, die typologisch ausgerichtete Darstellung der Personen auf der Bühne und ihre Vordergründigkeit durch die Raumreduktion stellen die Körperlichkeit des Darstellers sowohl bewegungsmäßig als auch musikalisch in den Vordergrund. Dadurch wird die musikalisch-szenische Aktion für den Zuschauer **hautnah** „in die Aktion aufgesogen und zur Teilnahme eines unmittelbar Betroffenen aktiviert oder gar provoziert. Das schließt Distanz, Reflexion Kritik nicht aus, sondern fordert sie als korrelative Akte des Bewusstseins geradezu heraus."[139]

Bereits geübte Laien lassen sich in relativ kurzer Zeit in diesen Musiktheaterbereich einführen. Durch die „expe-

---

[136] ebenda, S. 61.
[137] ebenda, S. 61.
[138] ebenda, S. 62
[139] ebenda

rimentell-flexible Struktur"[140] sind weitgehend kreative Eigeninitiative der Spielgruppe verantwortungsbewusst einsetzbar und poetische Stoffe nachvollziehbar. So geraten Spielkonzepte durch die „Wahl der Stoffe und ihres Improvisationscharakters"[141] in die Nähe des Theaters der „poetischen, szenische Aktion ‚der Lichteinstellung sowie der Wirkung auf den Zuschauer. Kinder überblicken im „learning by doing" solche Funktionen, die sie dann selbst ausführen können.

Sehr früh in der modernen Geschichte des Puppentheaters wurde die pädagogische Funktion des **Kaspar** erkannt. Die überdeutliche Darlegung positiver wie negativer Verhaltensweisen verweist um so leichter auf das entsprechend Richtige hin, das sich je nach Stückvorlage verändern kann. Darüber hinaus gibt es die sinnvolle Möglichkeit, entsprechende Kindersprache mit der Kasparsprache zu testen. Die Schlichtheit der Darstellung wird zur einsichten Notwendigkeit, aber dadurch auch zur sinnhaften Einsicht durch den kindlichen Zuschauer.

Marionettentheater oder Puppenspiel funktionieren in der Theaterpädagogik nach dem Bauskastenprinzip, d.h. dass Interessenten nach dem Summierungsprinzip bei der Erforschung der Wirkung theatralischer Mittel arbeiten können. Zur Aktion kommt das Kostüm, das Bühnenbild, das Licht, die Musik, der Ton etc. Die Entscheidung, etwas aufeinander aufzubauen oder wegzulassen ist eine ganz eigenständige Entscheidung des jeweiligen Produzenten, damit reflektiert er auch über die Wirkung.

---

[140] ebenda, S.63.
[141] ebenda, S.63.

XVII. Das fragmentarische Theater

Der Autor Heiner Müller ist der Vertreter eines Theaters, das nicht das perfekte Stück will, sondern eher das Stück, welches zu einer Haupthandlung über den Bruchstückcharakter gelangt. Es kommt zur „Interessantheit des Fragmentarischen".[142]

Was in den Stücken sich nicht direkt ereignet, findet dafür im Hinterkopf des Zuschauers statt. Das Fragment deutet an, zeichnet aber nicht für eine Endgültigkeit verantwortlich. Dafür gewinnt die Rolle an sich an Kontur und an Schärfe. Besonders politische Themen lassen sich auf diese Weise in der Reflexion des Zuschauers, dem nur Anhaltspunkte geboten werden, weiterdenken und weiterentwickeln.
Virtuelles oder Dokumentarisches - darüber grübelt der Zuschauer im fragmentarischen Theater. Oder gar Virtuelles als Dokumentarisches, vielleicht auch Dokumentarisches als Virtuelles. Man sieht, hier wird die Phantasie des Zuschauers angeregt, weiterzudenken und weiterzuentwickeln.
Die Teilhabe des Zuschauers ist damit sicher. Sein unabdingbarer Versuch, sich teleologisch im Sinne der aristotelischen Dramaturgie zu verhalten, wird durch das Fragmentarische geschickt provoziert. So gerät das Theater des Fragmentarischen wohl oder übel in die Form eines möglichen Mitspieltheaters. Bei politischen Themen ist also durch das Zuschauer-Weiterdenken eine Stellungnahme des Zuschauers durch dessen Reflexion zu erwarten, ansonsten läuft das Geschehen spurlos an ihm vorbei.

---

[142] Hensel, Georg (1980): Das Theater der siebziger Jahre. Stuttgart, S. 243.

Dokumentarisches ist bei Heiner Müller oft filmisches Material, dadurch wird das Stück multimedial.

Im theaterpädagogischen Konzept kann das Fragmentarische eine Einstiegsfunktion ins Theaterspiel erhalten. Das angerissene Thema bedarf einer exakten dramaturgischen Entwurfsfunktion. Man entwickelt eine Textsituation so, dass im Zuschauer vielfältige Möglichkeiten der Fortsetzung denkbar sind. Man verschärft die Exaktheit der darstellerischen Figur im Detail zugunsten einer weiterzuentwickelnden Mitspielidee des Zuschauers. Oder man spielt das Stück mit mehreren offenen Enden oder man beginnt es mit mehreren Einstiegsmöglichkeiten.

Fragmentarisches Theater ist multimedial. Es integriert Toneinspielung sowie Bildeinspielung (Film/Video) in die laufende Handlung. Die Vielfältigkeit der Vermittlungskanäle lässt Theaterspiel zu einem Erlebnis an vielfältigen Botschaften werden. Der Zuschauer ist aktiv beteiligt, der Produzent spielt auf der Klaviatur der theatralischen Mittel.
Theaterdidaktisch von Bedeutung ist die Überlegung des vielfältigen Einsatzes spielerischer Qualitäten, insbesondere die der Spiel-Typologie des Darstellers und seines Teams.

Die Spielleitung braucht hierbei Theatererfahrung im Umgang mit der theatralisch zu vermittelnden Botschaft für den Zuschauer, dessen Anteil im Weiterdenken, im Resumieren besteht, bestehen muss, wenn das Ganze einen Sinn haben soll.
Die darstellerische Qualität besteht im Fragmentarisch in der scharfen Kontur des Darstellers als Typus, als typologische Verhaltensweise, als unverwechselbare theatralische Erscheinung. Zuschauer können auf diese Weise

die absolute Individualität des Gruppenportraits erkennen, seine theatralische Botschaft erfahren und weiterdenken. So gerät das Theaterereignis in die Geschlossenheit eines Events, für welches auch der Zuschauer seinen Teil in dem Bewusstsein beiträgt, einen Anteil an der Individualität solcher Handlung zu haben.

Werner Thomas entwickelt in seinem Aufsatz[143] ein Schema in Form der Gegenüberstellung wie folgt:[144]

Tradierte Form	Improvisatorisches Musiktheater
Werk	Prozess im hic et nunc
Einstudierung	Improvisatorische Entfaltung
Reproduktion	Aktion
geschlossene Form	flexible Struktur
Parallelität der szenischen Komponenten	Integration der szenischen Parameter
durchgeformte Dichtung	Sprachrepertoire
durchkomponierte Musik	improvisiertes Klang-Geräuschrepertoire

---

[143] vgl. Roscher (1972): ebenda, S.37 ff.
[144] ebenda. S.63.

handlungsgebundene Bewegungsregie und opernhafte Gestik	stationäre und kinetische Primärformen der Gramme und Mi Mogramme
personengebundene Rolle des Schauspielers, Sängers, Tänzer	typusorientierte Repräsentanz der Figur
Guckasten	Einraumtheater
historisches Kostüm	typisierendes Kostüm
personalisierte Maske	entindividualisierte Maske
gesellschaftsfixierte Form	gesellschaftsoffene Form

Die Betonung des Typisierenden, wonach sich Musik, Raum, Sprache, Maske und Kostüm richtet, verweist auf die Brauchbarkeit für theaterpädagogische und für koordinierte
musikpädagogische Projekte. Gleichzeitig ist darin der didaktische Charakter des Theaterprojekts zu sehen.

Szene aus Jean Paul Satres „Geschlossene Gesellschaft" (Theaterlabor der WWU Münster)

XVIII. Der professionell-konstruktive Raum

Dieser Raum ist ein künstlerisch durchdachter Entwurf des entsprechenden Bühnenbildners zu einer spezifischen Stückproduktion. Das würde bedeuten, dass der Entwurf in Absprache mit dem Regisseur als eine inszenierte „Welt", Sinnbild für den theatralischen Ablaufraum ist, den das Stück als inszenierte Wirklichkeit wiedergeben soll.

Der professionelle-konstruktive Raum ist also bis ins Raumdetail epochenbezogen stilecht. Damit kann inszenierte Wirklichkeit illusionistisch wirken. Dabei ist das Bühnenmodell maßstabsgerecht eingerichtet. Stilgerechte Requisiten und Stoffe ergänzen die Stilechtheit mit den Kostümentwürfen.

Konstruktiv erscheint dabei Raum als logisch-ablaufgerecht , d.h. dem Zuschauer wird eine sich logisch entwickelnde „Welt" des Stücks vermittelt, die nicht unbedingt mit der Jetzt-Zeit des Publikums identisch sein muss.

Professionell-konstruktiv ist der Raum dann, wenn alle dazugehörigen Details der Ablauflogik im Wechsel der Szenen und Akte und damit dem Wechsel der Bilder dieser inszenierten Wirklichkeit folgen.

Dem künstlerischen Entwurf des Konstruktiven folgt die in entsprechenden Werkstätten detailliert dazugehörige erstellte oder erbaute Wirklichkeit auf der Bühne. Kleine Detailveränderungen sind bis zur Premiere noch möglich. Raumstilistiken vom Realraum bis zum stilisierten Raum oder gar durch Licht gestalteten Raum ergänzen die professionelle Konzeption.

Bei all dem wird der Bühnenapparat als technisch perfekte Gesamtheit der Mittel vorausgesetzt, insbesondere wenn Lichtregie einsetzt und somit konstruktiver Raum einzig und allein von der Lichtbreite und Lichtqualität bestimmt wird.

Oft tritt an die Stelle des Bühnenbildners der Lichtdesigner, der konstruktiven Raum aus konstruktiv gestaltetem Licht und entsprechenden Lichteffekten (differenzierten Farblichtskalen) erstellt.

Die professionell gestaltete Bühne kann eine bewusste Veränderung der darstellbaren Dreidimensionalität durch Veränderung der Raumhöhe und Raumtiefe des Bühnenraumes nach sich ziehen. Verschiedene Spielebenen folgen diesem Prinzip als detailliertes veränderbares Spielkonzept. Das wird nur durch die weit entwickelte Bühnetechnik moderner Theaterhäuser möglich.

Raumkonzepte lassen sich neuerdings durch transparente Tiefenperspektiven aufgrund überdimensionaler Bühnendekore realisieren, die transparente Großphotographien als szenische Wirklichkeit reproduzieren. Das Musicaltheater bedient sich gerne solcher schnell im Ablauf veränderbarer Spielwelten.

XIX. Raum in der Erfahrung der theaterpädagogischen Inszenierung

- Methodik und Didaktik der Konstruktion

„Ich kann jeden leeren Raum nehmen und ihn eine nackte Bühne nennen. Ein Mann geht durch den Raum, während ihm ein anderer zusieht; das ist alles, was zur Theaterhandlung notwendig ist."
Peter Brook

- Das Baukastenelement Raum

Der offene Raum ist ein methodisch-didaktisches Mittel der „Welt" - Interpretation. Die Welt ist die Theaterwelt, der Ort, an dem etwas theatralisch geschieht, also nach dem amerikanischen Theaterwissenschaftler Marvin Carlson der Raum des „performing space":

„Ein Theaterstück spielt in London oder in Berlin, in einem Hochgebirge, in einem Spital oder auf einem Schlachtfeld, wie dies nun eben die Handlung verlangt. Doch stimmt dies nicht ganz: ein Theaterstück spielt auf der Bühne, die London oder das Hochgebirge oder ein Schlachtfeld darstellen muss."[145]

Raum kann ein schlichter Raum wie auch ein konstruiert komplizierter Raum sein. In dieser „Welt" zu sein bedeutet für den Darsteller, sein eigenes theatralisches Gebilde zu erstellen, das für seinen Zuschauer definierbare, lokale Züge aufweist. Raum ist also das theatralische Gehäuse des Spiels, ein Gehäuse, in welchem man sich

---

[145] Dürrenmatt, Friedrich (1955): Theaterprobleme. Zürich, S. 22ff.

spielerisch wohlfühlt oder nicht, sich spielerisch detailliert verhält oder nicht. Raum wird, wenn „Welt" in ihrer Vermittelbarkeit reflektiert und konzipiert wird, ein Baukasten, dessen man sich nach Wunsch bedienen kann.

Die Identität einer darstellerischen Gruppe verschafft sich auf diese Weise einen nicht unwesentlichen Interpretationsfaktor. Raum wird Ausgangspunkt für spielerische Konzepte, für Bühnenorte und Bewegungsabläufe, für Statik und Dynamik, für Bewegungsabläufe und für Stellpositionen. Raum ist Wiedergabemöglichkeit für interpretatorische Bühnenbildteile, für Requisiten und Lichtverhältnisse. Im Raum sein bedeutet, sich explizit zu vermitteln als Darsteller, als Sprachwesen oder als Zeitgenosse einer Epoche, der durch Raum charakterisiert wird.
Raum bauen bedeutet „Welt" erstellen. Das ist ein architektonisches Phänomen, denn Raum kann in seinen geometrischen Formen vielfältig sein.
Darstellungs- und Zuschauerraum können getrennte, aber auch ineinander verschachtelte Räume sein. Das hängt vom Vermittlungscharakter des Spiels ab. Das Darsteller-Team agiert dem Raumkonzept entsprechend, der Zuschauer verifiziert Spiel auch dem Raum entsprechend. Ist der Zuschauerraum im Darstellungsraum, so ist der Zuschauer unmittelbar Teil der Darstellungs-„Welt". Man kennt den realen Bühnenort, an dem das Stück abläuft so wie den fiktiven Bühnenort, von dem z.B. in Form der „Mauerschau" berichtet wird.

„Die optische und akustische Realisierung des fiktiven Schauplatzes auf der Bühne zeichnet sich durch ein unterschiedliches Maß an Konkretheit aus."[146]

---

[146] Platz - Waury, Elke (1978): Drama und Theater. Gunter Narr. Tübingen: 1978, S. 17.

Sein oder Nichtsein des Raumes wird zu einem wichtigen dramaturgischen Mittel des Baukastens Bühnenraum. Wenn man Spiel in einem konkreten Raum sieht, erlebt man Spiel im Raum unmittelbar.
Ist der Raum durch die darstellerische Erzählung transponiert, hängt der Eindruck des Zuschauers, sein unmittelbares Stückverständnis ganz von der Kraft darstellerisch-gestisch-mimischer Vermittlung ab.
Der Beginn eines jeden Spielprozesses muss die Reflexion zum Raumkonzept sein. So wird dem Darsteller-Team klar, dass die Raumkonstruktion, ihre bewusst eingerichtete Spielarchitektonik das Darstellerische wesentlich beeinflusst, ja nahezu bestimmt.
Entgegen jeglicher Annahme, dass Spiel im Raum die deckungsgleiche Umsetzung einer Regie-Anweisung im Theaterraum sein muss, entwickelt ein Spielteam durchaus eine eigene Konzeption des Raumes, in dem das Stück spielen soll. Die Art der Inszenierung entscheidet über die Art der Stückvermittlung. So kann eine realistisch beschriebene Straße im Stückkonzept auch eine abstrakte Wiedergabe der Straße im Theaterraum werden, wenn Straße als Spielort-Phänomen vermittelbar wird. Die Anschauung dessen, was Straße sein kann ist ins Ermessen der Inszenierung gestellt. So kann z.B. Straße in einer Form der Abstraktion durch Projektion oder irrealem Bild zum SYMBOL für Straße schlechthin werden, oder im Beckettschen Beispiel ein Kleiderständer zum Symbol für einen Baum. Im Theaterraum ist damit Straße nur immer das, worunter die Inszenierung Strasse verstehen will.
In der Form ihrer Darstellung im Raum ist sie variabel: als Weg, als breite Verkehrsstraße, als Spielstraße, als Sackgasse oder als Einbahnstraße. Ihre optische Wahr-

nehmung ist je nach Einrichtung des Begriffs „Straße" einfach oder kompliziert, sinnfällig oder symbolisch.
Es ergibt sich die Aussage: wo eine Lösung für die Interpretation gesucht wird - da ist auch ein entsprechender Weg.

Man kennt z.B. die SIMULTANBÜHNE des mittelalterlichen Mysterienspiels, die offene Shakespeare-Bühne, die sich beide durch Dekor-Armut auszeichnen.
Man kennt den reduzierten Beckettschen Baum (Kleiderständer,), die Meyerholdsche Bühne als konstruktivistischen Raum, den Brookschen Raum als den leeren Raum, den Pirandelloschen Raum als Theater auf dem Theater etc.
Gemeint ist, dass von der Realität des leeren Raumes ausgehend, Theaterraum konzeptionell gestaltbar wird.
Die Konstruktion des Theaterraums reicht vom kargen architektonisch vorgegebenen Raum bis zum ausgefeilten durch Bühnenbild illusionistisch gestalteten Raum.
Methodisch – didaktisch ist die Konstruktion des Theaterraums deshalb interessant, weil in der Transparenz des Baukastens „Raum" FUNKTI reflektierbar wird. Die Frage ist: was will man mit Raum aussagen, wie soll etwas in welcher Raumform dargestellt werden und in einem zweiten Reflektionsschritt: wie vermittelt sich diese Intention optisch.
Der Zugang zu solchen Überlegungen schafft methodisch - didaktisch die Funktion des MODELLS, der MODELLBÜHNE:

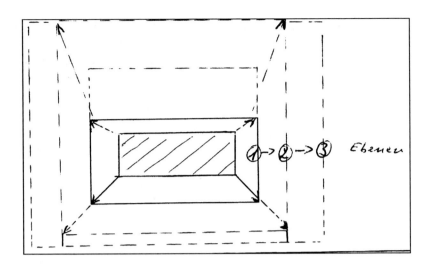

Wie aus der Skizze ersichtlich, behandelt die Modellbühne (wie der Name schon sagt) die Möglichkeit, den eigenen Bühnenraum maßstabsgerecht einzurichten.
Über die Form des KISTENTHEATERS[147] entwickelt der Schüler z.B. im Bereich des Schultheaters in der Erweiterung der Spielkiste zum Modellcharakter des Spielraums in der Oberstufe des Gymnasiums sein Bühnenraummodell. So definiert die Kiste Raum als Spielraum.
Lange vor der Spielsituation kann auf diese Weise die Inszenierung mit dem Schüler-Spielteam Spielräume durchdenken, sie bauen und die Reflexion zur Spielsituation dort einfließen lassen. So lassen sich verschiedene Inszenierungsmodelle reflektieren, bevor die Proben beginnen. Eine TV-Aufzeichnung des Raumkonzepts mit Bühnenbild und Requisit im Maßstab hält Erkenntnisse fest, die plastische Eindrücke wiedergeben.

---

[147] vgl. Otto, Enrico (1999): Konzeptionelle Bühnenpraxis in der Theaterpädagogik, Münster, S. 48/49.

Es entsteht die SIMULATION der Inszenierung im Bühnenmodell. Verschiedene Modelle ergeben verschiedene Inszenierungsstile. Im Wechsel einer möglichen Proben- und Simulationssituation entsteht die Inszenierungsidee, die letztlich wirklich in Frage kommt.
Die Funktion des Bühnenmodells ist es also, virtuelle Räume zu schaffen, die Anlass zu spielstilistischen Überlegungen werden können. Ohne großen Aufwand ergeben sich dabei im Wechsel von Spiel- und Simulationssituation nur die Möglichkeiten, die für die Spielgruppe wirklich machbar sind.

Das Raumkonzept folgt der dramaturgischen Anlage der Spielvorlage. Virtuelle Räume sind im Modell nur dann realiter machbar, wenn sie im Rahmen der Stückidee bleiben. Die TRANSPARENZ einer entsprechenden Modellvariante führt zu theatralisch-semiotischen Überlegungen, die Inszenierungsvarianten aufzeigen. Diese Varianten können Extremsituationen in virtuellen Bühnenmodellen wiederspiegeln, deren Richtigkeit und Eindeutigkeit letztlich von der Gruppe im Sinne einer vorgegebenen Dramaturgie entschieden wird.

Methodisch-didaktisch ist dabei die Möglichkeit des Überblicks über die verschiedenen Raumvarianten sowie deren Konsequenzen für die verschiedenen Spielsituation von Interesse. Die Modellvariante erfüllt den lehrreichen Zweck des „learning by doing". Von der Grundschule bis zur Sek II kann der Schüler ganz selbständig über die Kistentheatervarianten Theatersemiotik ausprobieren und sich für eine Stilistik entschieden.

Gerade im Bereich aktueller professioneller Theaterarbeit zeigt sich der Zug zum konstruktiven Raum. Formen des postdramatischen Theaters neigen zum Konstrukti-

vismus: „Die Spielräume der Post-Moderne sind also zugleich auch leere Räume."[148]
Konstruktivismus führt zu neuen Ästhetiken theatralischer Praxis. Die Theaterpädagogik hat das auch für den nicht-professionellen Inszenierungsbereich zu berücksichtigen. Auch der Schüler ist der Zuschauer aktueller Theatervorgänge und als solcher sollte er die Möglichkeit haben, das in entsprechender Form im eigenen Spielvorgang wiederzuspiegeln.
Damit entsteht im Schüler ein neues Verständnis für eine zu erneuernde IDENTITÄT der Theaterrezeption. Als Zeitgenosse wird er dadurch eher instand gesetzt, neue Theaterästhetiken zu verstehen. Das ist ein fundamentaler Beitrag zur Theaterpädagogik.

Das Schaffen „anderer Wirklichkeiten" kann „Anstöße bieten ... zu einer Bricolage des Lebens, zur kreativen Überprüfung. Erweiterung und Umgestaltung von Ich- und Weltkonzepten."[149]

Der konstruktive Raum mündet durchaus in die Frage des Jürgen Weintz:

„Können also – zusammengefasst - durch ästhetische Eigenarbeit phantasievolle Gegenwelten konstruiert werden, die nicht nur einen ästhetischen Eigenwert besitzen, sondern über ihre Selbstreferenz hinaus sowohl für die Orientierung des Sinnbastlers (Subjektbezug) als auch für das Bewusstsein der gemeinsamen geltenden Lebenswelt (Sozialbezug) bedeutsam sind?"[150]

---

[148] Weintz, Jürgen (1999): Theaterpädagogik und Schauspielkunst. Köln, S. 28.
[149] ebd. S. 30.
[150] ebd. S. 31

Der konstruktive Raum definiert demnach **erstens** die spielerische Identität des Darstellers neu, **zweitens** versucht er anhand der Semiotik des Raums und des damit verbundenen Inszenierungsstils eine sinnfällige Vermittlung solcher Spielidentität an Dritte.
Der reale Raum kann über Stufen seiner REDUKTION zu einem irrealen werden. Umgekehrt ist das Irreale eines Raumes durch Auffüllen realer Bühnenbildteile und realer Requisiten zu einer Raumrealität im Modell montierbar. Hierbei fungiert Raum als Träger der Geschichte oder gar einer geschichtlichen Entwicklung durch die entsprechende Veränderung des Raums.

Das epochenbedingte oder epochenbezogene Stück ist als Raum im Raum im Modell rekonstruierbar, wobei der epochenbezogene Raum im aktuellen Zeitraum existent wird. Selbst Kostüme lassen sich durch entsprechende Träger im Raum (Puppen, Figurinen etc.) detailliert darstellen. Ihre Rekonstruktion entspricht dem epochenbezogenen Raum in Höhe und Breite. So entsteht das Kostüm des 18. Jahrhunderts im Raum des 18. Jahrhunderts, einem Raum, der auch architektonisch anders ist als der moderne oder zeitgemäße Raum.

Das gesamte Leben des Stücks wird im Modellraum zum „Erlebnisprojekt", „die Außenwelt zum Erlebnispark."[151]
Im konstruktiven Raum entstehen für den Schüler im Schultheatermodell Dimensionen des VERGLEICHS zwischen einem „Damals" und einem „Heute". Die Spielsituation stellt sich - vom Modell ausgehend - anders dar als die jetzige. Auch darin erfüllt sich der Zweck des Theaterpädagogischen. Der Sinn für die verschiedenen Ästhetiken wird geschärft, damit die eigene aktuelle Spielidentität schärfer umrissen, genauer vermittelbar.

---

[151] ebd. S. 41

Letztendlich ist die kommunikative Kompetenz des nicht-professionellen Interessenten intensiver, auch exakter.

Der leere Raum kann eminent theatralisch sein, wenn er wie bei Peter Brook oder bei Max Frisch ein aktiver Raum ist. Aktiviert wird der Raum durch die Anwesenheit der Person des Darstellers, durch ein Requisit, durch Bühnenbildteile oder durch Licht. Bekannt ist die Lichtregie Wieland Wagners, der durch sie im leeren Raum die Opernregie revolutioniert hat. Der leere Raum kann durch vielfältiges BILDERTHEATER aktiviert werden wie bei Robert Wilson. Bilderflut reichert Theatralität über das reine Worttheater hinaus besonders an.

Mit Bildern zu arbeiten bedeutet, visuelle Kommunikation als Anschauungsmaterial und damit als eminenten Einstieg in die „Welt" des Theaters zu nutzen. Das mittelalterliche Theater kannte diesen Einstieg bereits und nutze ihn insbesondere im Rahmen des Passionsspiels.
Es zieht sich eine deutliche Entwicklungslinie des immer wiederkehrenden Bildertheaters über die Jahrhunderte bis zur Moderne hin. Avantgarde-Regisseure haben sich immer damit auseinandergesetzt, um neue theatralische Erfahrungen zu machen. Peter Brook schreibt z.B.:

„So hatte meine Arbeit ... sehr viel mit visuellen Aspekten des Theaters zu tun. Am meisten war ich daran interessiert, Bilder herzustellen, eine Welt zu erschaffen."[152]
Weiterhin:
„Als ich 1956 Shakespeares „Maß für Maß" inszenierte, bestand die Aufgabe des Regisseurs für mich darin, ein Bild zu schaffen, das dem Publikum den Zutritt zu dem Stück ermöglichen sollte."[153]

---
[152] Brook, Peter (2001): Der leere Raum. Berlin, S. 25.
[153] Ebenda, S.25

Konstruktive Räume sind Räume der intensiven menschlichen Begegnung. Was in sich Struktur zeigt, ist reflektiert, ist geplant und eingerichtet, um als Raum in bestimmter Form zu wirken. Darstellerische Wirkungen beziehen sich immer auf ANSPIELFORMEN zwischen Menschen oder zwischen Menschen und Objekten. Ein konstruierter Raum als Bühnenraum zeigt Spiel überdeutlich im DETAIL. Die daraus resultierende Spielqualität kommt in ihrer geplanten Wirkung der Interpretationsfähigkeit des Zuschauers zugute.
Strukturierter Raum ist ein intimer Raum. Ein intimer Raum hebt den Abstand zwischen Darsteller und seinem Publikum auf:

> „Es ist nicht zu leugnen, dass Räumlichkeiten gewisse Bedingungen diktieren, und es fällt mir nicht schwer zu erkennen, welchen Preis wir für jeden der Faktoren bezahlen, die unsere Raumauswahl bestimmen."[154]

Die Kenntnis der Art und der Form des konstruktiven Raums erweitert die Fähigkeit des Theater-Lernenden, Theatersemiotik zu intensivieren.
Höhen und Tiefen, Breite und Ebenenstruktur, der Raum im Raum oder das Theater im Theater lenken das Auge des Zuschauers auf Details, auf bestimmte interpretationsintensive Stellen des Stückes oder der Inszenierung. Es gibt den plakativen, nur vordergründigen Raum. Es gibt als Gegenstück dazu den tiefen, unergründlichen Raum oder eine Mischung aus beiden. Es gibt Stockwerke in Ebenen oder den nach vorne hin geöffneten Raum, das Spiel auf dem Proszenium.

---

[154] ebenda, S. 200.

Konstruktiver Raum ist definierbarer Raum. In seiner theatralischen Konstruktion ist Raum für den Zuschauer als *der* FUNKTIONSRAUM sofort erkennbar. Raum offenbart sich also, ist nicht verdeckt oder fehlinterpretierbar.
In seiner absoluten Visualität ist Raum nicht nur erkennbar, sondern auch unfehlbar der Raum, den man theatralisch nutzt, um eine bestimmte, differenzierte Aussage zu machen. Die Folge ist allerdings, dass es für das Verständnis des Zuschauers unabdingbar ist, Spiel der Raumkonzeption entsprechend anzupassen. Man kann nicht gegen den Raum spielen, weil man sonst die visuelle, erkennbare Dimension verlässt. Trotzdem kann es den unwirklichen, den virtuellen Raum im Spielablauf geben. Dieser befindet sich aber - wie auch immer gestaltet- im realen Bühnenraum, welcher wiederum als solcher erkennbar ist.

In der Modellpraktikabilität lassen sich Raumkonstruktionen leicht simulieren sowie deren Wirkungen theatralisch ausprobieren.
Ausgangspunkt ist der quadratische oder rechteckige Raum des Modells. Zur Veranschaulichung dient eine leere Pappkiste (siehe „Kistentheater"[155]). Sie ist der reale Spielraum, der aber nicht gleich einem entsprechenden Guckkastenraum = Bühnenraum sein muss. Theater ist als realer Raum überall spielbar. Jeder architektonisch vorgegebene Raum (Pausenhalle, Foyer eines Gebäudes, Zimmer, Vorhalle, Fabrikhalle etc.) kann ein Spielraum sein. Als realer Raum kann er geschlossen oder offen sein. Der geschlossene Raum vermittelt sich eher durch seine Begrenzung als definierbarer Raum, in welchem der Spielablauf angelegt wird. Bühnenorte sind

---

[155] Otto, Enrico (1999): Konzeptionelle Bühnenpraxis in der Theaterpädagogik. Münster.

überschaubare Fixpunkte des Spielablaufs. Der Darsteller spielt innerhalb des Spielraums, der Zuschauer dagegen gehört in den Raumbereich, der als Zuschauerbereich deklariert wird.

Im offenen Raum bestimmt der natürliche Raum die Spielgrenzen (Bäume, Sträucher, Mauer, Zäune etc.). Auch hier verweilt der Zuschauer in seinem Zuschauer-Bereich.

Die ersten Variationen ergeben sich durch Einrichtung des konstruktiven Raums. Realer Raum ist auch geschachtelter Raum, erweiterter Raum, überlagerter Raum, quadratischer, rechteckiger, diagonaler Raum. Je nach Raumkonzept ergibt sich eine bestimmte Spieleinrichtung, die Ferne, Nähe, Tiefe, Breite, Höhe oder gar Überhöhung des Spiels nach sich zieht. TREPPEN, STUFEN, konstruierte EBENEN, schräge, aufbauende, divergierende EBENEN führen im geschlossenen Raum zur KONSTRUKTION, die die Spielsituation benötigt.

Man spielt in den schrägen Ebenen von hinten nach vorne, von der Höhe auf die Zuschauerebene hin. Das bedeutet, Ersatz für fehlende Tiefe zu schaffen, für Auftritte, die sich hinter der Höhe der Schräge formieren und für entsprechende GÄNGE von hinten nach vorne sorgen. Schräge kann auch für die brauchbare TEICHOSKOPIE (Mauerschau) sorgen. Auf der Höhe der realen, schrägen Ebene berichtet jemand über Vorgänge in einem dahinter liegenden virtuellen Raum.

Ebenenstrukturen verweisen auf den Bedarf der verschieden hohen Standpositionen bestimmter Rollen (Thron im Palast, Häuserstockwerke, Arbeitsbereiche in Fabriken, Himmel und Erde etc.).

Diagonal genutzte Räume erlauben eher Massenauftritte von rechts oder links kommend in ihrer jeweiligen Wie-

derholung ‚sodass Massen auch aus wiederholten Auftritten Weniger entstehen können .
Der reduzierte Raum zeigt im realen Raum AUSZÜGE des Bühnenbilds, damit einer bestimmten Raumbegrenzung. Requisiten, und Kostüme im Raum passen sich durch eigene Reduktion der gesamten Reduktion an. Reduktion bedeutet hierbei, die Bestimmung der für das Spiel absolut notwendigen Raumkonzepte sowie Gegenstände.

Während im realen Raum die genaue Übereinstimmung zwischen Bühnenraum und realer Umwelt des Zuschauers existieren muss, verfügt der virtuelle Raum über nicht-logische Möglichkeiten realer Umwelt. Das bedeutet, dass der virtuelle Raum zwar auch konstruiert wird, aber dennoch in seiner Konstruktion eine völlig freie Wiedergabe des Spieleinfalls schaffen kann. Wirksam wird, was ausgedacht ist. So ist dieser Raum ein **neu** zu erfahrender Raum, dessen Wirkung auf Verblüffung, Überraschung, ja Schock des Zuschauers aus ist.
Je weiter diese virtuelle Raumkonstruktion von der Umwelt-Realität des Zuschauers entfernt ist, desto entfernter ist er von der eigentlich Vorstellungskraft des Zuschauers, desto größer also seine Überraschung.
Die VERFREMDUNG gegenüber der realen Welt des Zuschauers realisiert eine **utopisch** anmutende Spielsituation, in der z.B. die Darsteller auch auf dem Kopf stehen und laufen könnten (Science-Fiction, Astro-Raum-Erfahrung, Raumschiffgestaltung etc.).

Konstruktiver Raum kann aber auch bedeuten, dass der Zuschauer sich durch Räume bewegen muss, in denen gespielt wird, um Spielabläufe zu erfahren, zu reflektieren, zu begreifen, z.B. im Abgang des Zuschauers über verschiedene Ebenen nach unten (Aktion im Kokerei-

Turm über Wendeltreppe). Begehbare Schauplätze sind **verschiedene** Schauplätze sowie verschiedene geographische Orte. Die Zuschauerbegehung des Spielablaufs ist ein Gang durch Raum und Zeit. Möglicherweise geht man von dem Schauplatz der Jetzt-Zeit zurück in die *Vergangenheit* aus „hellen Welt" in die „dunkle Welt" des Untergrunds (aus der Oberwelt einer Stadt in die Unterwelt der Kanalisation).

Die Bemessungsgrenze eines realen hellen Raums kann plötzlich durch den Eintritt in einen nicht begrenzbaren dunklen Raum aufgehoben werden. Hier verliert sich die ORIENTIERUNG des Zuschauers. Dadurch verändert sich sein gesamtes Zuschauer-Verhalten. Man tappt herum, man versucht nach Greifbaren zu tasten, man hört eher als dass man sieht. GERÄUSCHE werden plötzlich bedeutsamer, interessanter oder vielleicht sogar hörbarer.

Umgekehrt wirkt der Gang aus einem abgedunkelten Raum in einen gleißend hellen Raum auf die Wahrnehmung wie betäubend. Man sieht z.B. mehr als sonst, Licht wirkt ungewöhnlich, blendet und ist damit phantasievoll. (Man sieht Lichtkränze, Blitze etc.).

Der konstruktive Raum ist ein belichteter Raum. Raum und Licht ergänzen sich in der theatralischen Aussagefähigkeit, bilden eine Interpretationseinheit. Auch dies lässt sich im Pappkisten-Modell überprüfen. (Taschenlampen im Kistenraum.) Bewegliches Licht im synchronen Ablauf des Spiels, bewegliches - farbliches Licht im chronologischen Ablauf des Spiels schafft STIMMUNGEN, ATMOSPHÄREN der Szenen, oder Uhrzeiten oder Jahreszeiten.

Der theatergeschichtliche Weg vom sakralen zum ästhetischen Raum hat die neue Auffassung der anderen FUNKTION des Darstellungsraumes in der Moderne zur Folge. Professionelle Spielräume sind immer häufiger alternative Räume (Fabrik, Kulturzentren, Kirchen, Autohäuser etc.).

Raum ist dort, wo gespielt wird. Genauso ist dort, wo gespielt wird, Raum. Diese einfache Formel ist theaterpädagogisch besonders nutzbar, weil die Ästhetik des Spiels nicht-professioneller Darsteller aus psychosozialen Gründen aus der Ästhetik des Augenblick-Raums ableitbar ist. Das bedeutet, dass Spiel überall dort entstehen kann, wo der für das Spielteam beheimatete und vertraute Raum ist.

Die Vertrautheit des Raumes ist Voraussetzung für ein barrierenfreies Spiel, damit auch für die ÖFFNUNG des Darstellers gegenüber einer Arbeitssemiotik des Theatralischen. Konzentration auf HANDWERK ist auch für den nicht-professionellen Darsteller von eminenter Bedeutung. Raum ist aufgrund seiner Vertrautheit BAUKASTEN handwerklich-theatralischer Betätigung.

In der KONSTRUKTION spielerisch nötiger oder brauchbarer Räume schafft sich das Spielteam die handwerklich-semiotischen Voraussetzungen für eine eigene Darstellungs-Interpretation.

ALLTAGSRÄUME erfahren auf diese Weise über die Konstruktion der eigenen Spieleinrichtung auch eine eigene Spielästhetik, die wiederum die REALITÄT des Alltagsraums einerseits durch die architektonische Begebenheit bestätigt, andererseits aber durch Spiel der Realität enthebt. Der konstruktive Raum hat dabei die Chance, beides im Spielablauf deutlich zu machen. Man spielt eine virtuelle „Welt" im Stück in einer alltäglichen Raumkomponente. Die Darsteller wie auch die Zuschauer machen Erfahrung der dazu entstehenden Spielästhetik die und so erfährt Spiel einen unverwechselbaren Touch. Das bestätigt die spielerische IDENTITÄT der jeweiligen Gruppe.

Ferner wird die VISUALITÄT des spielerischen Ablaufes durch den konstruktiven Raum, welcher die Einrichtung der Gruppe nach Spielmöglichkeit erfährt, durch die ART der Konstruktion nach Stärkegraden differenziert.
So wie man sich im Raum darstellt, so wird man gesehen, erlebt und rezipiert. Es existiert also offensichtlich eine Wechselbeziehung zwischen Raumkonstruktion des Spiels und Rezeptionsfähigkeit des Zuschauers. Hier liegen theaterdidaktische Überlegungen im Argen. Die Spieleinrichtung wird eben so gut wie nie aus der Überlegung ihrer Visualität geplant, angeblich vermittelt sie sich ja durch Sprache, Geräusche und Ton automatisch. Man weiß also nichts von der unglaublichen Überlegenheit visueller VERMITTLUNGSFÄHIGKEIT. Theaterpädagogik hat hier eine wichtige Lehraufgabe.

Der konstruktive Raum ist der lehrreiche Raum, indem nämlich Raum für Spielvorgänge produziert wird. Im Produkt Raum reflektiert das Darsteller-Team die Machbarkeit eines Inszenierungs- und genauer eines Bewegungsablaufes.
Konstruktiver Raum bietet die Möglichkeit der szenischen Gestaltung schlechthin. Vom leeren Raum ausgehend, baut die Inszenierung Höhen und Tiefen, Seiten und Vordergrund nach speziellen **Ausdrucksüberlegungen** des Spiels. Raumkonstruktion geht mit Spielausdruck einher. In der Raumkonstruktion werden zunächst raumarchitektonische Überlegungen angestellt. Erste Frage: wie stellt sich der vorhandene Raum als Spielraum dar? Wie kann die spezielle Raumarchitekto-

nik zu einem unverwechselbaren Interpretationsfaktor des Spiels werden?

Zweite Frage: wie kann eine entsprechende, ergänzende Raumkonstruktion (durch Bühnenbildüberlegungen) diesen Raumcharakter im Spiel zusätzlich erweitern und in der Spielinterpretation vertiefen. Die Produktion eines Raumes über seine Architektonik hinaus kann beim Durchdenken konstruktiver Gestaltung Anlass zu inszenatorischen Überlegungen sein. Damit zeigt sich eine wichtige WECHSELWIRKUNG zwischen konstruktivem Raum und der in diesem stattfindenden Inszenierung.

Im Sinne einer Nutzung semiotischer Faktoren in einem theaterpädagogischen Arbeitsprozess gestalten sich Schritte zur Konstruktion des Raum und damit des Spiels methodisch-didaktisch relevant. Man lernt, nach Art des Baukastenprinzips Raum detailliert zu bauen, Spiel danach einzurichten und damit Arbeitsschritte zu reflektieren und transparent zu machen. An diesem Arbeitsprozess sind alle im Team beteiligt.

Die gesamte Bewegungskonstruktion im Inszenierungsablauf richtet sich nach der Raumplanung, also empfiehlt es sich, die Raumplanung so zu gestalten, dass Bewegungsabläufe bei allem Konstruktivismus in einfacher, aber sinnbildlicher Form möglich werden. Ein entsprechendes Bühnenmodell ergibt maßstabsgerecht einen brauchbaren Einblick und Überblick über Geplantes. Das Bühnenmodell kann in der Modellkiste entstehen, die oben erwähnt ist.[156]

Das Bewegungsprinzip der „BIOMECHANIK" sollte man für die theaterpädagogische Inszenierungsarbeit neu entdecken. Die in der russischen Theaterschule der 20er Jahre produzierte Bewegungsmechanik lehnt sich eng an die Reproduktion entsprechender Räume an.

---

[156] vgl. ebenda

„Die Orientierung im Raum bei einer großen Anzahl von Figuren ist eminent wichtig. Die Aufgabe eines Jeden ist, seinen eigenen Weg in der komplizierten Bewegung der Masse zu finden.... Die Koordination im Raum und auf der Bühne, die Fähigkeit, sich im Fluss der Masse zu finden", denn „jede Bewegung muss bis zum Schluss bewusst gemacht sein."[157]

Der Raumkonstruktivismus erlebt in der Biomechanik des Bewegungsablaufs eine entsprechende SPIEGELUNG. Beides differenziert die Spielfähigkeit der Gruppe.
„Die Biomechanik lässt nichts Zufälliges zu, alles muss bewusst und nach vorheriger Berechnung erfolgen. In jedem Moment muss der Übende exakt feststellen und wissen, in welcher Position sich sein Körper befindet."[158]

Ohne das Programm der historischen Biomechanik übernehmen zu müssen, erfährt der Theaterlernende die Zusammenhänge konstruktionsbedingter Vorgänge zwischen Raum und Bewegungsgestaltung in einfacher Form. Erkenntnisse aus der Wechselwirkung zwischen Raum, Körper und Bewegung sind Erkenntnis über koordinierbare handwerkliche Theatervorgänge, die einem AUFBAUPRINZIP unterliegen. Darin vollzieht sich eine Art Theaterschule, welche den reflektierbaren semiotischen Apparat „Bühne" zum Anschauungsobjekt macht.
Die Inszenierung beginnt demnach viel früher als gedacht. Sie setzt bei der Archaik des Raums und seinen für die Fortentwicklung des Spiels notwendigen Konsequenzen ein. Raum bauen heißt also auch Spiel einrichten.

---

[157] Bochow, Jörg (1997): Das Theater Meyerholds und die Biomechanik. Berlin, S. 84 f.
[158] ebenda, S. 86

Der konstruktive Raum verbietet also die theaterpädagogisch traditionell geleistete Überlegung, dass Raum Konzept des Bühnenbildners ist und dass Bühnenbild getrennt vom Spieleinrichtungsvorgang entstehen kann. Der Raum-Bildner ist auch Inszenator. Die Erschaffung des Raumkonzepts ist auch parallel die Erschaffung des Spielkonzepts oder eben umgekehrt. Wichtig ist die PARALLELITÄT des so gestaltbaren Spielbewusstseins, also die Einrichtung des SPIEL-RAUMS im wahrsten Sinne des Wortes.

Die aus diesem Konzept resultierenden Spieleinrichtungsschritte sind logische Abfolgen in Lichtfunktionen, in Körpergestaltung, im Gestik/Mimik-Konzept, in Bewegungseinrichtung und Wort/Sprachkonzeption, in Kostümgestaltung, in Requisitaktionen.

Bühnen-Gestaltungs-Arbeit unterteilt sich in AKTIONEN- und REAKTIONSPHÄNOMENE. Das eine hängt mit dem anderen zusammen. Das ist Grundlage für theaterpädagogische Inszenierungsarbeit. Was professionelle Inszenatoren längst in einem Regiekonzept integrativ gestalten, vermögen nicht-professionelle Theatereinrichtungen kaum zu übersehen. Was beim Ersten selbstverständliche Gestaltungsarbeit in einem individuellem Regiekonzept bedeutet, ist für die nicht-professionelle Theaterarbeit eher aus dem entsprechenden Gemeinschaftserlebnis heraus wichtig. Eine Imitation durch Konzentration auf ein Regiekonzept führt kaum zu teambezogenen Erfahrungswerten eigener Theaterarbeit. Gerade das Schultheater sollte dies beherzigen!

Der Wert theaterpädagogischer Arbeit liegt nämlich sicherlich eher in der TRANSPARENZ der szenischen Einrichtung für alle im Team Beteiligten. Wer selbst schrittweise dazu beiträgt, Spiel zu schaffen, wird sein Spiel auch selbst viel besser verstehen und einrichten können. Gleichzeitig gestattet ihm die Transparenz kon-

struktiver Vorgänge Einblick in die Bandbreite semiotisch-handwerklicher Theatervorgänge.
Das sind unersetzliche Lernvorgänge, von denen jede theaterpädagogische Arbeit - egal in welcher Altersstufe - profitiert.

Der Einbezug des Zuschauers in die Raumkonzeption kann nur im großen Raum entstehen. Dort, wo Bühne und Zuschauerraum kaum voneinander zu unterscheiden sind, erlebt der Darsteller den Zuschauer als Teil der Dekoration „wenn sie plötzlich als die Bäume eines Waldes galten, den die Schauspieler durchquerten."[159]
Im „Theatre du Soleil" entsteht im Stück „1789" ein ähnlicher Eindruck, wenn Raum konstruktiv durch „Stege miteinander verbundenen Podestbühnen" gebaut wird und durch die „dazwischen herumstehenden, mitgehenden, sich ballenden und zerstreuenden Zuschauermengen"[160] ein ganz spezielles theatralisches Erlebnis entsteht. Raum wird zu einem „räumlich-szenischen Äquivalent der Straßen und Plätze des revolutionären Paris."[161]

Der auf diese Weise eingerichtete Aktionsraum bezieht den Zuschauer total mit ein, er wird „mehr oder weniger freiwillig zum Mit-Akteur."[162]
Die Aufhebung der Grenzen zwischen „realem und fiktivem Erlebnis" hat „weitreichende Konsequenzen für das Verständnis des Theaterraums: er wird von einem metaphorisch-symbolischen zu einem metaphysischen Raum."[163] Hier ist Raum „Kontinuum des Realen" oder

---

[159] Lehman (1999): ebenda, S. 286.
[160] ebenda, S. 287.
[161] ebenda
[162] ebenda
[163] ebenda

„Bruchstück der Lebenswirklichkeit"[164]. Geschehen des postdramatischen Theaters und nicht mehr der fiktive Raum des Guckkastens, in welchem Spiel Darstellung einer illusionistischen „Welt" ist.

Konstruktive Räume können also auch integrierende Räume sein, die einen neuen, andersartigen Inszenierungseffekt nach sich ziehen. Solche Konzeptionen des Raums als Spielraum sind für gängige theaterpädagogische Projekte im schulischen oder außerschulischen Theater eher selten. Sie setzen einen höheren Grad an Wahrnehmungswirklichkeit durch Spielleitung und Spielteam voraus sowie einen erheblich höheren Grad an Planungstransparenz des Theatralischen. Solche Räume können nur fortgeschrittene theaterpädagogische Projekte nutzen, solche, die bereits über viele traditionelle Spielerfahrungen verfügen und den Darstellern nunmehr die Chance einräumen wollen, eine andere Spielerfahrung zu machen.

Der Spielidentität der Fiktion steht die Spieltransparenz des Totaltheaters gegenüber. Öffnung des Raums bedeutet auch IRRITATION im Spielablauf des Teams wie auch des Zuschauers. Damit beides nicht die theatralische Aktion zerstört, bedarf es der ebenso offenen Spielweise, die keine Rückendeckung des Guckkastens bietet und kein stimmliches Äquivalent, sondern die Rundum - Aktion mit Stimmlagen, die der aktuellen Spielsituation im Totalraum angepasst sind. Spielabläufe gestalten eine Form der „Raum-Dramaturgie"[165], welche eine viel stärkere konzeptionelle Theaterkonzeption voraussetzen als traditionelle Theaterformen: „Der postdramatische Raum `dient` nicht mehr dem Drama", son-

---

[164] ebenda. S. 288.
[165] ebenda. S. 300.

dern umgekehrt wird „der Theatervorgang zur wesentlich bildräumlichen Erfahrung."[166]

Solche theaterpädagogischen Ansätze bedürfen einer neuen BILDÄSTHETIK, einer Sichtweise also, die der Bilderrezeption ähnelt. In der szenischen Ausbildung des Theaterpädagogen muss ein Einblick in die inszenierte Welt des VISUELLEN erfolgen:

„Das verbreitete Lamento darüber, dass durch die Wende zum Visuellen die literarisch-dramatisch orientierte Wahrnehmung aus der Königsloge vertrieben wird, ist blind gegenüber den dadurch ermöglichten Gewinnen."[167]

Die theaterpädagogischen Gewinne liegen offensichtlich in der bewussteren Bild-Logik als Arbeitskonzept, in der Konzentration auf exaktere Details des Theatralischen, auf immense Stimmmodulationen vor, im, nach der Aktion im Totalraum.

Die Konzentration aufs Detail der theatralischen Handlung geschieht natürlich am besten in der Guckkastenbühne. Der Bühnenausschnitt fungiert dabei als RAHMEN eines großen Bildes. Die Bühnenbetrachtung durch den Zuschauer geschieht ganz im Sinne einer BILDBETRACHTUNG. Im Bühnenquadrat des Raums vermittelt sich zunächst die Grundarchitektur des Raumes als Raum in bestimmter Tiefe, Höhe und Breite. Der von Peter Brook beschriebene „leere Raum" bekommt, indem man sich auf e i n e n Teil im Raum konzentriert, einen VERGRÖSSERUNGSEFFEKT. Bühnenbildteile oder einzelne Requisiten lassen sich dadurch funktioneller

---

[166] ebenda, S. 292.
[167] ebenda, S. 294.

einsetzen. Sie bekommen eine übergroße BEDEUTUNG im Spielablauf. Sie können Sinnträger der Handlung werden oder symbolisch-metaphorische Hinweise geben. Die Vergrößerung im Raum - Rahmen verleiht ihnen, aber auch der Person im Raum, eine theatralische Interpretationsmöglichkeit durch den Zuschauer.

Eine mögliche Vereinfachung durch Reduktion des Raumes auf rein wichtige Details vereinfacht so das Verständnis der theatralischen Handlung. Für theaterpädagogische Vorgänge empfiehlt sich ein solches Inszenierungsverfahren schon deshalb, weil das Auge des Betrachters nicht abschweift und – mit einfachsten Mitteln -Theaterkonzentration entsteht, die für den Darsteller sinnvolle Vermittlungstätigkeit bedeutet und für den Zuschauer einen schlichteren, aber bedeutungsvollen Zugang zum Verständnis kommunikativer Vorgänge der Inszenierung .
Rahmung bedeutet auch eine Vergrößerung der GESTEN und BEWEGUNGSABLÄUFE. Damit erlebt der Zuschauer - je nach Inszenierungsschwerpunkt - jedes theatralisch-semiotische Mittel intensiver, bedeutungsvoller. Rahmung schafft im Theatervorgang das, was bei Film und Fernsehen die Kameraeinstellung - durch den Regisseur geleitet und eingerichtet - erreicht, nämlich einen besonderen WAHRNEHMUNGSHINWEIS zu geben. Der Zuschauer wird zum Bild hingeleitet, das im Augenblick der Wahrnehmung wichtig erscheint. Während er in der traditionellen Inszenierung des Guckkastens aus der Fülle des visuellen Angebots auswählen kann oder muss, bekommt das Detail im Raum einen wichtigen, eindeutigen ZEIGECHARAKTER.
Laientheater verzettelt sich nicht in möglichen oder unmöglichen Interpretationsmerkmalen, sondern lernt be-

reits in der Probenarbeit Wichtiges von Unwichtigem durch AUSWAHL zu unterscheiden.
Konstruktive Rahmung des Bildes bedeutet also auch DIFFERENZIERUNG der Inszenierungsüberlegungen durch das Spielteam. Durch VERLANGSAMUNG oder BESCHLEUNIGUNG des theatralischen Ablaufs lassen sich Rahmungen und damit Sinndeutungen differenziert vermitteln. Die folgerichtige ABFOLGE der Rahmungen in gesamten Inszenierungsablauf führt nach Lehmann zum TABLEAU:

„Als Tableau schließt der Bühnenraum sich auf den ersten Blick programmatisch vom Theatron ab. Die Geschlossenheit seiner inneren Organisation steht im Vordergrund . Ein exemplarisches Theater der Tableau - Wirkung ist das von Robert Wilson. Man hat hier nicht ohne Grund immer wieder die Tradition des „Tableau Vivant" zum Vergleich herangezogen."[168]

Der in o.g. Form konstruierte Raum unterliegt im Tableau Vivant einer unersetzbaren LEBENDIGKEIT des Ausdrucks, der Mimik und Gestik, der Bewegung sowie der Bühnenbildimpression. LICHT-, RAUM- und KLANGRAHMEN ergänzen sich, bilden eine vertiefte Tableau - Impression.
Das Rahmenkonstrukt wirkt theatralisch-narrativ, denn Bilderabfolgen erzählen GESCHICHTEN. Einfache Bilderabfolgen erzählen einfache, aber in ihrer Einfachheit eindrucksvolle Geschichten. Darstellend erzählen perfektioniert im Darsteller-Team den semiotisch ausgerichteten Erzählvorgang. Im Bilder-und Rahmungs-Selektionsverfahren liegt ein wichtiger, eminenter theaterdidaktischer Schritt. Mit dem entsprechenden Raumkonzept produziert man Theater als handwerklich ausge-

---

[168] ebenda, S. 292.

richtetes Geschehen, das SINNVOLL einfache Mitteilungen reproduziert.

UMRAUM bezeichnet man den Aktionsraum, der für die improvisierte Handlung im Augenblick des theatralischen Vollzugs maßgebend Fläche und architektonische Umgebung ist.

> „Die szenische Aktion zwischen Menschen ist ihrer ästhetischen Natur gemäß zwar eine räumliche Beziehung, der Raum aber, die räumlich-gegenständliche Umgebung der menschlichen Aktion, ist für die traditionelle Form nur von sekundärer Bedeutung. Das szenische Spiel der menschlichen Aktionsträger schafft sich auf dem flächig oder räumlich abgegrenzten Schauplatz den ihm eignen Raum, seinen Aktionsraum."[169]

Das trifft auf alle alternativen Theater-Schauplätze zu. Theater im Keller, Theater im Autohaus, im Museum, in der Fabrik, in der Pausenhalle, im Bahnhof, im Bus, in der Kirche etc. sind improvisierte Schauplätze, deren Räume durch die entsprechende Theaterhandlung erst zu einem Aktionsraum avancieren:

> „Raum „wird in seiner Bedeutung und Eigenart, dem Bedürfnis der Handlung entsprechend, primär und jeweils neu durch die Aktion der Person bestimmt."[170]

Währen also im traditionellen Theaterraum Handlung zwischen Darstellern nicht unbedingt einen zwingenden Bezug zum Rahmen des Theaters entwickeln muss und

---

[169] Hoppe, Hans (1972): Das Theater der Gegenstände. Neue Formen szenischer Aktion. Bensberg, S. 17.
[170] ebenda.

eher eine optische ABGRENZUNG des im Raum zu erstellenden Bühnenbildes als „WELT" darstellt, stellt der alternative Aktionsraum in seiner architektonischen Begebenheit einen unmittelbaren, zwingenden Bezug zur Theaterhandlung her. Sinn des alternativen Raums ist demnach die enge Verflechtung und Wechselwirkung zwischen Raum und Theaterhandlung. Dabei bedarf es nicht eines gestaltbaren Bühnenbildes. Der Raum selbst fungiert als Bühnenbild.

Während der „neutrale Bühnenraum des Theaters ... generell alle vom Stück geforderten Orte der Welt"[171] bedeuten kann und erst im laufenden Stück durch Umsetzung einer bestimmten Regie-Anweisung Ort differenziert und festlegt, verfremdet der alternative Ort das traditionelle Raumkonzept des Theaters als Institution, um mögliche krasse Gegensätze zwischen eigentlichem Aufführungsort und theatralischem Ort zu schaffen. Diese Verfremdung nutzt die alternativ angelegte Inszenierung, um möglicherweise MODELLCHARAKTER der Theaterhandlung zu schaffen, indem Stückzeit und Stückkonzept in die alltägliche Jetztzeit des Zuschauers in einer bestimmten gewohnten Umgebung verlegt wird.
kann aber auch der einzig PASSENDE Rahmen einer Um-Raum-spezifischen Theaterhandlung sein. Dantes „Göttliche Komödie" braucht z.B. eher ein mittelalterliches Gewölbe (Kirche, Halle etc.), um Sprache und Inhalt beeindruckend zu vermitteln. Commedia dell´Arte-Formen inszeniert man besser auf einem aufklappbaren Thespis-Karren oder im Freien (Garten, Platz etc.), um den Improvisationscharakter des Bauerntheater herauszustellen. Avantgarde-Stücke passieren auf Probebühnen, in Ateliers, in Hallen, in Kellern etc., um nicht den Eindruck traditioneller Wahrnehmungskultur ~~gängiger Theater durch~~ den Zuschauer zu

---

[171] ebenda. S. 18.

durch den Zuschauer zu reproduzieren. Machbar wird dieser alternative Ansatz, weil entsprechendes Theater nicht auf die vielfache Technik traditioneller Häuser angewiesen ist, sondern Handlung im entsprechend konstruktiven Alternativraum nach architektonischer Begebenheit orientiert und entsprechend einrichtet.

Raumdetails können in Form der „Körperarchitektonik" oder als Raumobjekt plastischer Gegenstand mit Ausdrucksqualität werden. Das bedeutet, dass die szenische Umgebung der Theaterhandlung nicht „länger als dekoratives Bühnenbild"[172] funktioniert, sondern Teil der Theaterhandlung selbst ist. Raumteil ist damit Ausdruckselement, ist potentieller „Ausdrucksträger neben dem bewegten menschlichen Körper."[173] Adolph Appias raumtheoretische Erörterungen als Auflösung traditioneller Theaterformen, Oskar Schlemmers „Triadisches Ballett" belegen die neue Funktionalität eines konstruktiv verstandenen Raumes in der Theaterhandlung. Raumdetail wie Körpergestaltung des Darstellers können zu „Raumplastiken" werden, die sowohl den mathematisch ausgerichteten Gesetzen des Raums als auch den Bewegungsgesetzen des menschlichen Körpers oder ihren entsprechenden Wechselwirkungen unterliegen. Unterstützend fungiert dabei bei Schlemmer das raumplastische Kostüm des Tänzers oder das plastische Objekt, das vom Darsteller getragen wird.
Neue tänzerische Ausdrucksformen entstehen durch alternativ verstandenen konstruktiven Raum: „Bühnenkunst ist Raumkunst"[174], so lautet der einfache Lehrsatz Schlemmers. Die Ästhetik des BÜHNENELEMENTS erweitert die Bewegungsgestaltung des Darstellers/ Tänzers

---

[172] ebenda. S. 60.
[173] ebenda. S. 62
[174] ebenda. S. 65.

im Darstellungsraum. Das Beispiel für Raum-Kunst bei Appia lautet folgendermaßen:

> „Ein senkrechter Pfeiler, eckig, starr. Er ruht stabil und beharrlich. Ein Körper nähert sich. Der Kontrast zwischen seiner Bewegung und der ruhigen Unbeweglichkeit des Pfeilers schafft ein spezifisches Ausdrucksmoment, das der Körper ohne die Säule nicht hätte und die Säule nicht ohne den bewegten Körper. Die sich schlängelnden runden Linien des Körpers unterscheiden sich wesentlich von den geraden statischen Linien des Pfeilers. Dieser Kontrast ist in sich ausdrucksvoll. Der Körper berührt den Pfeiler. Die Opposition akzentuiert sich stärker. Schließlich lehnt sich der Körper gegen den Pfeiler dessen Unbeweglichkeit ihm eine solide Stütze bietet. Er handelt. Die Entgegensetzung hat der unbelebten Form Leben geschenkt. Der Raum ist lebendig geworden."[175]

Der wie oben gezeichnete konstruktive und variable Raum schafft z.B. im postdramatischen Theater neue Körperbilder, die zum „dynamischen Körper" werden und sich nur „in Verbindung mit den Kategorien Raum und Zeit"[176] fassen lassen.
Die entsprechend neue Perspektive einer TANZTHERAPIE, in der dynamische Körper immer einen Raumbezug als gesellschaftlichen Bezug in der Zeit als „Neu-Konstruktion" der Wirklichkeit nachweisen, meint eine andere Wirklichkeit als die des traditionellen Worttheaters. Der virtuelle Körper postuliert die Nachahmung des realistischen Körpers in der von ihm entworfenen neuen Spielwirklichkeit. Die neuen Medien, speziell der Film,

---

[175] ebenda. S. 60.
[176] Jeschke, Claudia (Hrsg.) (2000): Bewegung im Blick., Berlin, S. 98.

haben dieses Postulat zur darstellerischen Körperprämisse gemacht. So sind virtuelle Körperbilder in entsprechenden virtuellen Raum – Zeit - Ebenen machbar und möglich. Der konstruktive Raum sprengt in seiner der virtuellen Bildanlage des Films alle erdenklichen Wirklichkeitsperspektiven und schafft damit neue, ungeahnte Wirklichkeiten von Räumen, deren Konstrukt zwar abstrakt geplant, dennoch im bildnerischen Effekt eine fast unvorstellbare neue Wirklichkeit darstellt. Artaud ahnte solche VERSELBSTSTÄNDIGUNGEN einzelner semiotischer Theaterelemente offensichtlich und war mit seiner Theatertheorie seiner Zeit weit voraus: Der konstruktiv genutzte Raum hat nach Antonin Artaud eine eigene Sprache: „Ich sage, dass die Bühne ein körperlicher konkreter Ort ist, der danach verlangt, dass man ihn ausfüllt und dass man ihn seine konkrete Sprache sprechen lässt."[177]

Und „der Raum generiert spezifische soziale und kulturelle Bedeutungen, die wiederum auf das gesamte Theatererlebnis wirken."[178]

---

[177] Hoppe (1972), S. 70.
[178] Balme (1998): ebenda, S.173

XX. Literatur

Artaud, Antonin: Das Theater und sein Double, Stuttgart 1971.

Balme, Christopher: EinführunT in die Theaterwissenschaft, Berlin 1998.

Barba, Eugenio: Ein Kanu aus Papier, Abhandlung über Theater-Anthropologie, Köln 1998.

Bochow, Jörg: Das Theater Meyerholds und die Biomechanik, Berlin 1997.

Brauneck, Manfred: Theater im XX. Jahrhundert, Reinbek 1992.

Brook, Peter: Der leere Raum , Berlin 2001.

Dürrenmatt, Friedrich: Theaterprobleme, Zürich 1955.

Einstiegsübungen zur Vorbereitung eines Theaterprojekts, Münster 2005.

Grotowski, Jerzy: Für ein armes Theater, Berlin 1999.

Heilmeyer, Jens/ Fröhlich, Pea: Now-Theater der Erfahrung, Köln 1971.

Hensel, Georg: Das Theater der siebziger Jahre, Stuttgart 1980.

Hoppe, Hans: Theater der Gegenstände, Bensberg 1972.

Inszenierungstechniken in der Theaterpädagogischen Produktion, Münster 2003.

Jeschke, Claudia: Bewegung im Blick, Berlin 2000.

Konzeptionelle Bühnenpraxis in der Theaterpädagogik, Münster 1999.

Lehmann, Hans-Thies: Postdramatisches Theater, Frankfurt/M. 1999.

Otto, Enrico: Methodische Theaterpädagogik, Münster 1993.

Pielow, Winfried (1976): Produktionsprojekt ein Theaterstück. In: Theorie und Praxis im Deutschunterricht. München 1976.

Pielow, Winfried: „Theater als Zeichenkasten". In: „Spiel und Theater", Weinheim 1984.

Platz-Waury, Elke: Drama und Theater, Tübingen 1978.

Roscher, Wolfgang: Ästhetische Erziehung, Improvisation, Musiktheater, Hildeheim 1972.

Schmidt, Andreas: Zwischen Tradition und Experiment. Bochum 2002.

Strasberg, Lee: Schauspielen und Training des Schauspielers, Berlin 1999.

Theaterwissenschaft, Berlin 1998.

Tomaszewskis Pantomimentheater. Warschau 1975.

Weintz, Jürgen: Theaterpädagogik und Schauspielkunst, Köln 1999.

Wilson, Robert: Die goldenen Fenster, München, Wien 1982.

Werkstatttexte aus der Theaterpädagogik
Theorie und Texte für die nicht-professionelle Theaterarbeit
hrsg. von Dr. Enrico Otto (Universität Münster)

Enrico Otto
Regie-Praxis in der Theaterpädagogik
In diesem Buch geht es um die Darlegung eines für die Theaterpädagogik passenden Regiekonzepts. Der Regisseur in der Theaterpädagogik erbringt eine Transferleistung in Form der Vermittlung bereits vorhandener kreativer und kommunikativer Impulse der Gruppe. Regie in der Theaterpädagogik ist eine Gradwanderung für die Verantwortlichkeit von Tätigkeiten anderer sowie der Übereinstimmung eigener Ideen und Überlegungen in ein und dem selben Inszenierungskonzept.
Bd. 3, 2001, 120 S., 12,90 €, br., ISBN 3-8258-5357-8

Enrico Otto
Inszenierungstechniken in der theaterpädagogischen Produktion
Das Buch führt in Inszenierungstechniken ein, die erfahrungsgemäß für theaterpädagogische Projekte eine Hilfestellung für den Inszenierungs-Vorgang sind. Dabei werden zwei Arbeitsmittel – Reduktion und Raumeinrichtung – vorgeschlagen, welche als theatralische Mittel optisch vordergründig, aber auch szenisch-plastisch wirksam werden. In der Einrichtung beider Inszenierungstechniken erreicht der Inszenator eine optimale Einführung des Darsteller-Teams in theaterdidaktische Arbeitsgesichtspunkte.
Bd. 4, 2003, 112 S., 12,90 €, br., ISBN 3-8258-6896-6

Enrico Otto
Theaterpädagogische Einstiegsübungen zur Vorbereitung eines Theaterprojekts
Vorübungen zur theatralen Eigenerfahrung und Eigenvermittlung
Das Buch ist für solche Produzenten theaterpädagogischer Projekte gedacht, die in Bezug auf Textauswahl, Besetzung und Darstellerindividualität in ihrer Probenarbeit Schwierigkeiten haben. Die Hinweise aus den Vorübungsphasen sind Orientierungsmerkmal für eine sinnvolle Inszenierungsgestaltung.
Bd. 5, 2005, 104 S., 12,90 €, br., ISBN 3-8258-8774-x

Sozialpädagogik

Dina Düngen
Entwicklung der sozialen Kompetenz in der offenen Kinderarbeit
Begegnung mit Tieren aus dem Ingenhammshof in Duisburg-Meiderich
Bd. 15, 2007, 88 S., 17,90 €, br., ISBN 978-3-8258-6660-0

Silvia Thomas
Zuflucht Gefängnis
Junge Frauen mit Kindern im Strafvollzug
Bd. 18, 2004, 280 S., 22,90 €, br., ISBN 3-8258-7833-3

Joachim Weber
Spiritualität und Soziale Arbeit
Bd. 19, 2005, 152 S., 19,90 €, br., ISBN 3-8258-8653-0

Margarete Klüter
Reden hilft!
Krankheitsbewältigung mit Unterstützung von Selbsthilfegruppen. Schlaganfallpatienten berichten über ihre Erfahrungen, Hoffnungen und Wünsche
Bd. 20, 2005, 384 S., 29,90 €, br., ISBN 3-8258-8842-8

Akın Şen
Strategisches Sozialmarketing
Am Beispiel der stationären Altenpflege
Bd. 21, 2006, 104 S., 14,90 €, br., ISBN 3-8258-9648-X

LIT Verlag Berlin – Hamburg – London – Münster – Wien – Zürich
Fresnostr. 2 48159 Münster
Tel.: 0251 – 62 032 22 – Fax: 0251 – 23 19 72
e-Mail: vertrieb@lit-verlag.de – http://www.lit-verlag.de